CINCO PEDRAS DE DAVI

Histórias reais de fé e amor pela missão católica

Thaisa Sallum Bacco & Roberto Mancuzo Junior

Dunga
Padre Pedro
Astromar Braga
Irmã Zélia
Rodrigo Ferreira

CINCO PEDRAS DE DAVI

Histórias reais de fé e amor pela missão católica

Editora AVE-MARIA

Prefácio:
Professor Felipe Aquino

© 2018 by Editora Ave-Maria. All rights reserved.
Todos os direitos desta edição reservado à EDITORA AVE-MARIA.
Rua Martim Francisco, 636 – 01226-000 – São Paulo, SP – Brasil
Tel.: (11) 3823-1060 • Televendas: 0800 7730 456
editorial@avemaria.com.br • comercial@avemaria.com.br
www.avemaria.com.br

ISBN: 978-85-276-1641-6

Projeto Gráfico: Priscila B. Brasil
Capa: Agência Arcanjo
Imagem de Capa e Fotos: Alan Malheiro Silva, André Macedo, Cláudio Schenberger e Roberto Mancuzo Jr.
Entrevistas: Carolina Zoccolaro Costa Mancuzo, Roberto Mancuzo Jr. e Thaisa Sallum Bacco
Transcrição de Áudio: Nellise Pinheiro e Stephanee Melo
1. ed. – 2018

```
            Dados Internacionais de Catalogação na Publicação (CIP)
                         Angélica Ilacqua CRB-8/7057

            Mancuzo Junior, Roberto
                Cinco pedras de Davi : histórias reais de fé e amor
            pela missão católica / Roberto Mancuzo Jr., Thaisa Sallum
            Bacco. -- São Paulo : Editora Ave-Maria, 2018.
                168 p. : il.

            ISBN:

                1. Histórias de missionários 2. Missionários - Memórias
            autobiográficas 3. Missionários - Entrevistas 4. Igreja
            Católica 5. Religiosidade 6. Vida cristã I. Título II.
            Bacco, Thaisa Sallum

            18-1672                                      CDD 266.2092

                         Índices para catálogo sistemático:

                  1. Missionários : Igreja Católica : Entrevistas
```

Diretor-presidente: Luís Erlin Gomes Gordo, CMF
Diretor Administrativo: Rodrigo Godoi Fiorini, CMF
Gerente Editorial: Áliston Henrique Monte
Editor Assistente: Isaias Silva Pinto
Revisão: Ana Lúcia dos Santos e Mônica Glasser
Diagramação: Ideia Impressa
Impressão e Acabamento: Gráfica Expressão e Arte

A Editora Ave-Maria faz parte do Grupo de Editores Claretianos
(Claret Publishing Group).
Bangalore • Barcelona • Buenos Aires • Chennai • Colombo • Dar es Salaam • Lagos • Macau • Madri • Manila • Owerri • São Paulo • Varsóvia • Yaoundé.

Sumário

Prefácio
7

Introdução
9

Capítulo 1
Padre Pedro
Marcado pela Copiosa Redenção
13

Capítulo 2
Astromar Braga
O mensageiro da felicidade
31

Capítulo 3
Irmã Zélia
O lado materno de Deus
59

Capítulo 4
Dunga
O guerreiro contra o pecado
95

Capítulo 5
Rodrigo Ferreira
O missionário do amor
123

Prefácio

Prof. Felipe Aquino

Há muitos anos conheço o amigo Rodrigo Ferreira, de quem fui padrinho de casamento com a Adriana. Várias vezes estive com eles pregando retiros nos Estados Unidos e pude ficar edificado ao ver o belo trabalho que ali a Missão Louvor e Glória, por eles fundada, realizou e realiza, bem como em Portugal, Japão e outros países. Dou graças a Deus por suscitar esses missionários leigos que servem a Cristo com determinação, fé, ousadia e muito sacrifício.

Da mesma forma, conheço e trabalho com o Dunga na Canção Nova há muitos anos. Seu trabalho também dispensa comentários; o Brasil todo o conhece pela Rádio, TV Canção Nova e por muitas pregações dentro e fora do nosso país.

Conheci o Astromar Braga nos EUA, numa das vezes em que lá estive pregando, e pude constatar seu zelo missionário. Um pouco menos convivi com Padre Pedro e Irmã Zélia, missionários fervorosos.

Em muito boa hora eles apresentam neste livro, composto de boas entrevistas com cada um deles, as suas histórias, como se tornaram evangelizadores, o que Deus fez na vida de cada um, como os moldou até chegarem ao que fazem hoje pelo Reino.

O exemplo de missionários deles poderá ajudar a muitos que já servem a Deus ou que têm o mesmo desejo de servir o Reino de Deus.

Este livro, rico de experiências pessoais, muito pode ajudar a todos que na Igreja querem servir a Deus como leigo ou religioso, pois o caminho percorrido por cada um deles pode ser inspirador para muitos e pode servir de lição a quem deseja seguir o mesmo caminho. O subtítulo do livro explica bem: "Histórias reais de fé e amor pela missão católica".

É saboroso notar como Deus forma os seus missionários, cada um de um jeito, em uma rica diversidade de carismas que edifica a Igreja, converte as pessoas e as forma na caminhada da fé.

A essência do homem e da mulher missionária é servir a Deus, e isso eles abraçaram de todo coração e com toda a vida, cada um de uma maneira própria.

Fica claro na proposta dos cinco entrevistados que o desejo de todos eles é "evangelizar com a Igreja", em obediência ao Sagrado Magistério da Igreja dirigido pelo Papa e assistido pelo Espírito Santo. Isso lhes dá segurança e os capacita para a missão, servindo como exemplos para muitas outras pessoas.

Na caminhada de cada um deles fica clara também a luta permanente que o missionário precisa manter para que a sua espiritualidade e vida interior não diminuam; pois "temos de sentir a mão de Deus sobre os nossos ombros para sermos Sua Mão nos ombros dos demais" (Padre Zeissig).

Na vivência desses cinco missionários, a missão não acontece sem que estejam cheios de Deus. Nada eles têm para dar aos outros sem vida de oração, vida de piedade, meditação da Palavra de Deus, frequência aos sacramentos, sacrifícios aceitos por Deus, devoção à Virgem Maria e aos santos. Todos eles se esvaziam de si mesmos para serem cheios de Deus e de sua graça.

Fica claro no trabalho missionário deles as várias formas de atividades que o Espírito Santo suscita em cada lugar, em cada situação e em cada comunidade.

No decorrer das entrevistas, eles fazem muitos alertas, especialmente para os missionários que se destacam e que se tornam muito conhecidos. Como lidar com a fama sem ser tragado por ela e sem trair a missão? Como usar as novas tecnologias e rede sociais para evangelizar? Como enfrentar as tribulações, aflições, tentações e ciladas do inimigo, a que todo missionário está sujeito? Como tratar também as situações que envolvem a família do missionário, o emprego correto da música e outros assuntos?

Tudo isso, e mais ainda, pode ser estudado e meditado nestas páginas. Que Deus abençoe cada um dos entrevistados e que faça deste livro um bom auxílio para todos os cristãos.

Introdução

Roberto Mancuzo Jr.

Thaisa Sallum Bacco

Cinco pedras de Davi

A história de Davi e Golias é muito famosa. Já foi contada e recontada. Virou filme, série, história em quadrinhos e motivou milhões de pessoas mundo afora por conta da destreza e da coragem do jovem guerreiro israelita diante do gigante filisteu.

Mas o nome deste livro quer abordar uma outra face da história, aquela que não está em evidência porque no fundo é sempre assim com as coisas de Deus. A questão é que Davi venceu Golias após acertá-lo com uma pequena pedra lavada, um seixo, coletado à margem do riacho. Em verdade, ele pegou cinco pedras, mas precisou de apenas uma delas para vencer Golias. E qual foi? Tanto faz. Uma vez na bolsa, qualquer pedra teria que cumprir a missão designada por Deus e vencer o obstáculo que se agigantava.

Temos neste livro entrevistas com cinco pessoas. Cinco nomes que não precisam ser rotulados ou estar em evidência para cumprir o que lhes foi designado: evangelizar, levar a Palavra, acolher, ser luz, vencer gigantes onde quer que estejam, inspirados assim como Davi o foi por Deus.

No mundo de hoje, com todos os holofotes e todas as tentações da vaidade, Astromar Braga, Rodrigo Ferreira, Irmã Zélia, Padre Pedro e Dunga rejeitam a fama e se colocam diante do Pai como a mais singela pedra e aguardam para serem usados nos momentos mais oportunos. E quem já teve a alegria de compartilhar um momento com um deles sabe o quanto o Pai foi generoso com todos nós.

Cinco Pedras de Davi

Não há missão sem missionário. Olhamos para procurar os mais conhecidos na atualidade a fim de conhecer suas histórias e seus entendimentos sobre diversas questões humanas diante da experiência do divino. Antes de pregadores reconhecidos, seguidos e admirados pela população brasileira e com experiências internacionais em ascensão, Dunga, Rodrigo Ferreira, Irmã Zélia, Padre Pedro e Astromar Braga são missionários. Percebemos que era necessário tornar real o transcendental que carregam consigo. Compreender essas cinco almas missionárias. Trazer para a vida de pessoas comuns, como nós, o sentido do Anúncio traduzido em palavras.

Por outro lado, é possível compreender que, ao produzir uma obra como esta, se tenham em mente os sentidos da transformação e da conversão. Cada qual dos cinco nomes escolhidos apresenta o que pensa da vida, qual a relação que possui com Deus, quais suas inquietudes, a noção de fé, a força da oração, os dons para o acolhimento e a compaixão. Perguntas e respostas que podem ser lidas a qualquer momento e na ordem que o leitor ou a leitora achar melhor. Tudo em nome de uma comunicação que evangeliza, que traz para homens e mulheres a luz da Palavra, a ciência dos documentos da Igreja Católica e a fé para a conversão.

Afinal, a conversão muda o sentido de tudo, portanto, ressignifica a vida. Traz mais questionamentos que respostas. Pressupõe um chamado que deixa a razão numa situação de caos. Algo individual que ganha força no coletivo. A própria missão dos autores desta obra, apaixonados pela mensagem, é testemunhar, racionalizar e partilhar a fé. Fé e razão não são dicotômicas, mas simbióticas. Como batizados, só existimos como cristãos se somos capazes de transmitir uma mensagem. O conteúdo, o canal e a linguagem pouco importam. Vale mesmo é a consciência de ser missionário, independentemente de quem somos e qual é a nossa vocação. A todos os batizados nos foi dada a capacidade do encontro para anunciar. Não temos tempo de vida para perder oportunidades de exercitar o Anúncio e desfrutar da vida de missão. É um alimento para a alma.

Ao leitor, uma promessa a ser cumprida até a página final: este livro oferece de presente a essência do homem e da mulher missionários, mas não apenas para conhecimento ou motivação. Trata-se

Introdução

de combustível, de uma energia viva que tem como função principal acionar a nossa vontade de sair da zona de conforto e servir a Deus.

É o desejo, e como bem sonhou Padre Pedro em um momento sublime de entrevista: "Se uma pessoa ler este livro e ao fechá-lo disser 'Eu sou um missionário', valeu".

Sim, valerá por tudo.

"A Igreja existe para evangelizar." (Paulo VI)

Padre Pedro

Marcado pela Copiosa Redenção

Nascido em uma família tradicional católica, aos 28 dias do mês de junho de 1977, Pedro Cláudio Mendes diz que a decisão de se tornar padre não veio de berço e que ser sacerdote foi um processo.

O paranaense, que se considera mato-grossense, diz que sua história é lugar da manifestação da Misericórdia de Deus, através de eventos de alegria e dor, em que o crucificado ia colocando suas marcas.

Os pais católicos transmitiram a fé. A educação era prioridade. Abriram mão de muita coisa para que os filhos pudessem estudar.

Na sua trajetória educacional passou cinco anos no colégio interno, sendo que o último ano estudou na Escola Técnica Agrícola, em Cuiabá (MT), hoje Instituto Federal de Educação, Ciência e Tecnologia, campus São Vicente.

No ano de 1993 fez uma experiência que marcou sua vida de fé. Numa tarde de sábado, no ginásio de esportes "Fiotão", conheceu o Padre Jonas Abib, que conduzia um encontro chamado "Caminho da Paz"; foi o primeiro grande encontro carismático que presenciou. Quando viu o Padre Jonas pela primeira vez, foi marcado por um grande derramamento do Espírito Santo; naquele dia sentiu uma certeza interior: "Vou ser padre! Eu nasci para isto!" Mais de 25 anos depois, ele pode dizer que nunca mais foi o mesmo depois daquele encontro.

O estudo da Bíblia tornou-se rotina, e o jovem Pedro trocou as músicas da banda Legião Urbana pelas fitas cassetes com palestras do Padre Jonas, que chegavam pelos Correios, como parte do projeto propulsor da Canção Nova, conhecido como Boa Semente. A família começou a estranhar a escuta repetida das fitas, as orações, o Terço no bolso da calça e o modo de viver, pois agora Jesus deveria ser o Senhor dos seus passos.

Padre Pedro

O primeiro livro de santo lido foi "História de uma alma", escrito por Santa Teresinha. Esse livro teve um impacto tremendo sobre a sua vida. Muitos outros fatos seriam depois marcados por Santa Teresinha, como a morte de seu pai, que aconteceu no mesmo dia da morte da Santa, 30 de setembro, e a morte de sua mãe, que aconteceu no dia do nascimento dela, 02 de janeiro. Contam os estudiosos de Santa Teresinha que, quando ela elege uma pessoa para filho espiritual, costuma se manifestar na vida desta pessoa a partir de algumas datas marcantes e coincidentes.

Após o encontro pessoal com Jesus no evento com Padre Jonas, passou por uma fase de muita paixão e entusiasmo. A vocação começou a tomar os primeiros contornos, e Pedro viajou muito para participar de retiros e estudar com afinco sobre a Renovação Carismática.

Aos 17 anos deu início à pregação em retiros. Naquele momento histórico, a Renovação Carismática ainda não era muito conhecida, não era possível o acesso aos meios de comunicação social como hoje.

Como estudante, acabou indo morar em Maringá, onde se aprofundou na vivência eclesial e carismática. Lá viveu com a Zélia, que mais tarde se tornaria a Irmã Zélia. Moraram na mesma repú-

Perfil

blica de estudantes. Foi a primeira experiência comunitária pautada pelo Evangelho. Aquele ano de 1994 foi um marco na formação espiritual de Pedro.

Sua consciência de vocação começou em Cuiabá, no ano de 1993, e em 1994, em Maringá, apareceram a maturidade desse chamado e os sinais que Deus mandava.

Ao retornar nas férias para visitar a família, no Mato Grosso, teve um encontro com o bispo da diocese de Diamantino, Dom Agostinho, SJ, que o encaminhou para o seminário diocesano, na época em Itaúba, no mesmo estado.

Como naquele tempo não havia outros seminaristas na diocese, apenas Reinaldo, que depois se tornou o Padre Reinaldo Braga Júnior, o próprio Dom Agostinho o encaminhou para Ponta Grossa (PR) a fim de que ele conhecesse uma congregação.

Após uma experiência com os franciscanos, Pedro teve contato em 1996 com o Padre Wilton Moraes Lopes, fundador da Copiosa Redenção. Foi amor à primeira vista, e, acompanhando Padre Wilton, que neste tempo era também provincial dos Padres Redentoristas da Província de Campo Grande, em janeiro de 1997 entrou para a Copiosa Redenção.

Passou todos os anos da Filosofia e da Teologia trabalhando nas Comunidades Terapêuticas da Copiosa Redenção, com muita aprendizagem e evangelização. Uma verdadeira escola do Evangelho.

Quando em 2005 terminou o curso de Teologia, pensava em continuar o trabalho na recuperação de dependentes químicos, mas os superiores pediram para assumir uma paróquia em Ponta Grossa. Foi um grande desafio. Ordenado diácono em dezembro de 2005, já assumiu a paróquia e em abril de 2006 foi ordenado presbítero e nomeado pároco.

Parecia uma loucura. Não tinha experiência de paróquia. Havia passado anos trabalhando como coordenador da Comunidade Terapêutica, mas como afirma São Paulo: "Todas as coisas concorrem para o bem daqueles que amam a Deus" (Rm 8,28).

A experiência como pároco durante quase cinco anos foi muito boa e cheia de surpresas: o início dos Acampamentos na Paróquia e na diocese, a implantação das células de evangelização na paróquia, o início do Instituto das Carmelitas Servas da Misericórdia de Sião e a abertura da casa das Irmãs da Copiosa Redenção na Paróquia para atender às demandas da Pastoral.

Em 2010, deixou a Paróquia Santa Rita de Cássia em Ponta Grossa e foi transferido para uma cidade no sul da Itália: Caltanissetta. Ali foi nomeado pároco, e foi um tempo muito fecundo, de muito aprendizado. Na Itália pode aprofundar ainda mais a força renovadora das células de evangelização paroquiais, conhecendo o centro internacional em Milão e o Padre Piergiogio Perini, pioneiro no sistema de células de evangelização na Igreja Católica.

Em 2013 retornou da missão na Itália, foi designado como vigário paroquial na cidade de Piraí do Sul (PR) e em 2015 foi pela segunda vez nomeado pároco da Paróquia Santa Rita de Cássia, em Ponta Grossa, onde continuou a desbravar os caminhos da Nova Evangelização propostos pelos bispos no Brasil no documento 100 "Comunidade de comunidades: uma nova paróquia".

1

PADRE PEDRO

Paróquia Santa Rita de Cássia
Diocese de Ponta Grossa (PR)

Quando e por que decidiu ser missionário?

Sou missionário porque sou batizado. Todo batizado é missionário! Segundo Paulo VI: a Igreja existe para evangelizar! E a Igreja é constituída pelos batizados. O meu Batismo me fez missionário. Ao longo da minha história, Deus foi se manifestando e foi mostrando o estado de vida, o carisma, o modo concreto com que eu deveria ser um missionário.

Há formações específicas para ser missionário?

Considerando que a missão inicia-se com o Batismo, ao longo do caminho vamos nos configurando com Cristo, só podemos ser missionários nele. Ser missionário é ser Jesus. Como o apóstolo Paulo afirma: "Já não sou eu quem vive, é Cristo que vive em mim!" (Gl 2, 20). Todo missionário deve entrar na "forma". A forma do missionário é Jesus Cristo. Amar, pensar, sorrir, viver como Jesus viveu. **O missionário que não vai se formando segundo o modo de Cristo vai se deformando. O missionário primeiro se forma na oração pessoal, no encontro diário com Jesus, depois deve também estudar, ler os documentos da Igreja, estudar a Bíblia, estudar muito... Um missionário que não estuda, não pensa, não busca refletir, pode perder** o encanto, pode se deformar e, pior, pode não levar uma Boa Notícia para o irmão. Um pregador, um evangelizador que não conhece os documentos do Papa, da CNBB, está em débito com a missão.

O que significa acreditar em Deus?

Não é simples responder a esta pergunta. Mas, creio, que é acima de tudo reconhecer que existe alguém mais inteligente, mais sábio, maior do que nós. É deixar crescer em nós o dom da fé que recebemos no Batismo. Alimentá-lo sempre com os sacramentos, com a oração pessoal, com a leitura orante da Palavra de Deus. Acreditar em Deus é arriscar sempre no amor de Alguém que nos criou, que nos pensou, que providenciou para nós uma história de Salvação.

É aí que entra a fé?

Sim. A fé acontece à medida que nós caminhamos, que nos arriscamos. A fé é dom de Deus. Não precisamos ter medo se nossa fé é pequena, Jesus disse que ela pode ser do tamanho de um grão de mostarda (cf. Mt 17,20), pode ser como o fermento. Basta um pouco de fé para que a nossa vida seja aos poucos transformada. **Não precisamos esperar ter uma fé imensa. Basta arriscar cada dia. Ousar mais. A fé cresce à medida que é ativada. Pequenos gestos de fé transformam a nossa missão cotidiana em um milagre.** Se ficarmos esperando ter uma fé inabalável para fazermos algo de belo para Deus, vamos desperdiçar bastante tempo da nossa vida. É preciso começar hoje enquanto se lê este livro. Tomar pequenas atitudes de fé. A fé acontece na comunidade eclesial, isto é, na Igreja. Quando nos afastamos dos irmãos, começam a surgir dúvidas perigosas.

E todas as pessoas nascem prontas para levantar essas dúvidas ao longo da vida?

Um pouco de dúvida faz bem. Do contrário nos tornamos orgulhosos e arrogantes. Tomé duvidou e isso foi bom. Falou para os seus amigos: "Eu não acredito, preciso ver". Quando voltou para a Comunidade, Jesus apareceu e Tomé acreditou. Jesus teve paciência com

Marcado pela Copiosa Redenção

Tomé. **A paciência de Deus, que chamamos de Misericórdia, nos sustenta sempre. O importante é não deixar a Igreja, pois na Igreja, por meio do Papa, dos bispos, da comunidade de fé, Deus vai se manifestando.** Não tenhamos medo de nossas dúvidas.

E como deve ser a Igreja?

Deve ser a Comunidade de Jesus onde reina o amor, o perdão, o diálogo. **Quando Jesus está no centro, quando ouvimos verdadeiramente a sua Palavra, a Igreja se torna um lugar da festa e do perdão. Uma Comunidade onde não existe o amor, o diálogo, o perdão, se torna aos poucos uma comunidade doente. Precisa de médico. Jesus é um bom médico.** Capaz de nos curar e nos devolver a alegria sempre. Uma Igreja onde reina o amor atrai as pessoas. O que traz as pessoas para a Igreja não são os jovens, nem o barulho, nem as novidades, tudo isso pode chamar atenção, tem o seu lugar, mas o que realmente arrasta é uma comunidade onde se aprende a amar na dimensão da Cruz, que foi o modo que Jesus amou: gratuitamente! Amar os difíceis, os loucos, e, se eles não estão nas nossas Igrejas, talvez poderíamos nos perguntar: o que fizemos com eles?

Daí a essência missionária?

Sim. Ser missionário é ser Jesus. Ter os sentimentos de Jesus: amar, pensar, falar, viver e fazer como Ele fez! **Não podemos confundir missão com o trabalho para o Senhor Jesus. Deus não precisa de funcionários, Ele quer ter amigos íntimos! A missão é um transbordar de quem encontrou um tesouro, uma pérola preciosa. Quem trabalha para Jesus pode correr o risco de ficar cansado, desanimado e desistir. Quem é amigo de Jesus corre, trabalha e não se cansa, e, quando cansa, ama esse cansaço, como era o caso dos santos.** Pensemos em Dom Bosco, na Madre Teresa de Calcutá. Conheci pessoas de muita idade que trabalharam muito na Igreja e pareciam felizes e satisfeitas, porque descobriram que não realizavam uma tarefa para Jesus, mas que Cristo vivia, amava, trabalhava nelas... É bonito!!! O Brasil está cheio dessas pessoas: Padre Jonas Abib (Canção Nova), Fr. Hans (Fazenda da Esperança), Padre Eduardo Dougherty (Associação do Senhor Jesus), Padre Wilton Moraes Lopes (fundador da Copiosa Redenção) e milhares de outras que, silenciosamente, sustentam as nossas comunidades eclesiais. Pessoas que levaram muita gente a se encontrar com Jesus Cristo.

De que maneira o missionário trabalha esses encontros?

Depois do nosso encontro pessoal com Jesus, não podemos fazer outra coisa senão anunciá-lo. Cada pessoa segundo seu estado de vida. O modo como um bispo provoca encontros com Jesus é diferente de como um padre, como um leigo, como uma religiosa, como um membro de uma nova comunidade realiza esses encontros. **Cada batizado, onde vive, onde trabalha, onde passa, deve anunciar com a própria vida e, quando for preciso, até usar palavras para dar a boa notícia da Salvação. O Evangelho é sempre Boa Notícia. As pessoas precisam saber que Jesus as ama, que deu sua vida por elas, que quer que elas sejam felizes.** Como pede o Papa Francisco, devemos ir nas "periferias", não somente das nossas cidades, mas nas periferias existenciais: lugares onde as pessoas estão sozinhas, precisando de um Anúncio forte, de que Jesus vive e é o Senhor. Quantas pessoas conhecemos que estão tristes, abatidas, cansadas ou vazias por não conhecerem o amor de Deus... Se conhecemos essas pessoas, é a providência de Deus que as colocou em nosso caminho para que anunciemos Jesus para elas. A Igreja existe para evangelizar! Todo batizado existe para evangelizar!!!

Temos ouvido muito esta expressão: "Igreja evangelizadora". O que significa isso?

Significa uma Igreja dócil ao Evangelho. Jesus deixou um mandato para a Igreja: "Ide pelo mundo inteiro, proclamai o Evangelho a toda criatura!" (Mc 16,15). Significa também uma Igreja dócil ao magistério do Papa Francisco que pede, movido pelo Espírito Santo, uma Igreja em saída. **Provocados pelo Espírito Santo, é preciso ter a coragem de ir, de anunciar. Ir para outras terras, fazer coisas novas, usar a criatividade. Se cada pessoa que participa das nossas missas no domingo tomasse como gesto concreto evangelizar pelo menos** cinco pessoas na semana, pensemos quantas pessoas poderíamos evangelizar... Tenho a graça de ter no território da minha paróquia um centro de evangelização da Comunidade Católica Shalom e muitas vezes vi os jovens da Comunidade Shalom, à tarde, na praça, com as pessoas que estavam passando por ali, jovens jogando, bêbados, pessoas que passeavam no parquinho. Esses jovens estavam ali anunciando o Evangelho, falando de Jesus, escutando aquelas pessoas. Um gesto maravilhoso. Como esses jovens me ensinam! Deus permita que muitos católicos tenham a coragem de aprender com eles.

Poderia citar outras experiências evangelizadoras?

Com certeza! Na minha paróquia também tenho a graça de contar com as irmãs Carmelitas Servas da Misericórdia de Sião, que, além de serem um testemunho de vida inteiramente entregue a Deus, jogam bola com os jovens, vão ao Shopping, vão aos semáforos entregar panfletos, visitam as casas das pessoas, são religiosas de hábito que procuram estar envolvidas no meio do povo para testemunhar a Misericórdia de Deus. Essas religiosas fazem tanto bem, passam a manhã em oração silenciosa e, na parte da tarde e da noite, vão pelas ruas e becos anunciar Jesus. Os acampamentos, uma experiência extraordinária, que envolve tantos leigos na evangelização. Esses acampamentos têm sido na minha paróquia, e em tantos lugares do Brasil, um grande instrumento de evangelização. Da nova evangelização, como queria São João Paulo II. Muitas pessoas voltaram para a Igreja, se engajaram através do encontro com Cristo em um Acampamento. As células de evangelização são também instrumentos de missão para tantos leigos generosos que assumiram verdadeiramente o seu Batismo. E quando falo dessas "novas experiências", de modo nenhum estou desconsiderando aquilo que já existe e que são preciosos instrumentos de evangelização na Paróquia, como os movimentos mais antigos e as pastorais. Na Igreja, precisamos sempre aprender a multiplicar os dons, acolher as novidades sem desprezar o que já existe e que fez e faz tão bem. Penso em tantos catequistas que dão um testemunho maravilhoso de entrega, servindo na catequização de tantos batizados, em movimentos tradicionais e preciosos como a Legião de Maria e o movimento das Capelinhas. Todas essas experiências (as novas e as antigas) levam ao encontro com Cristo.

E como você sabe que houve esse encontro?

Pela transformação da vida. Muitos casais, muitos jovens, foram transformados nesses acampamentos, nesses encontros, nessas visitas, nessas reuniões em casas. Basta vir em uma de nossas missas e encontrarão pessoas que por muito tempo não iam à missa, não se confessavam e agora buscam sinceramente a Deus. E se engajam nas células de evangelização. Aqueles que já possuem uma caminhada e estão firmes nas pastorais sociais, nos movimentos, continuam com alegria acolhendo os novos membros que chegam à comunidade. **A comunidade eclesial é uma família que sempre se alegra com o nascimento para a fé de novos membros.**

O que são as células de evangelização?

São pequenos grupos formados por afinidades, que se reúnem nas casas para evangelizar. "Cada casa, uma Igreja; cada discípulo, um missionário" é o ideal da visão celular. E no domingo se encontram na Paróquia para a grande celebração da Eucaristia. Esses pequenos grupos "células" são organismos vivos chamados a nascer, a crescer e a se multiplicar. As células de evangelização levam a Igreja a crescer e se multiplicar em pequenos grupos que se reúnem nas casas dos cristãos, sempre bem ancorados na paróquia.

Como tem sido a experiência celular na sua paróquia?

Tem sido um modo concreto de pôr em prática o documento 100 da CNBB – Comunidade de comunidades: uma nova paróquia –, pois a visão celular amplia a formação de pequenas comunidades de discípulos convertidos pela Palavra de Deus e conscientes da urgência de viver em estado permanente de missão.

Como nascem as células?

Tudo nasce da oração. A intuição nasce dos Atos dos Apóstolos, das reuniões nas casas, da partilha de bens, da comunhão fraterna e do louvor. Temos a graça de termos na nossa paróquia uma Capela de adoração perpétua ao Santíssimo Sacramento. Na porta da pequena capela existe um sistema de senha, em que os membros das células possuem o código e assim podem a qualquer hora do dia ou da noite entrar para adorar Jesus Sacramentado. Dia e noite existe alguém adorando; sabemos que tudo deve brotar da adoração. É bonito ver que, mesmo na madrugada, existem pessoas adorando. Muitos jovens que não podem vir durante o dia se organizam para adorar o Senhor, na madrugada. Casais, famílias inteiras têm se beneficiado com a adoração perpétua.

Como é um adorador?

É alguém que possui um coração inflamado de amor para a salvação dos seus irmãos e irmãs, a convicção e a determinação necessárias para realizar e cumprir o mandato missionário de Cristo ressuscitado.

Quais são os pilares das células de evangelização?

O primeiro é o Espírito Santo. O Espírito Santo é não apenas "o principal agente da evangelização" (EN § - 75), mas também a alma de uma comunidade evangelizadora. Ele concede a graça de viver a evangelização com zelo e segurança (*parresía*). O segundo pilar é a adoração, que já mencionei. O terceiro é a carta de princípios da nova evangelização: *Evangelii Nuntiandi* (Paulo VI); todo evangelizador deve ler essa carta do Papa Paulo VI e a *Evangelii Gaudium* do Papa Francisco.

Como acontecia a missão no Novo Testamento?

Acontecia através do *óikos*. Exemplos: Lc 8,26-39 (O Geraseno possuído pelos espíritos maus); Lc 5,27-32 (o apelo de Levi); Jo 1,44-45 (os primeiros discípulos); Jo 1,44-45 (Filipe conduz Natanael a Jesus) e Jo 4,50-53 (a cura do filho do funcionário).

O que são *óikos*?

É o conjunto de pessoas com as quais estabelecemos relações pessoais. São os vizinhos, amigos de trabalho, do clube, da academia, da escola, da faculdade... São pessoas que fazem parte do meu cotidiano.

O que é evangelização do *óikos*?

É a evangelização das pessoas com quem nos relacionamos. Aproveitamos as relações já existentes para evangelizar. É a maneira mais simples e mais natural que Deus nos oferece para anunciar o Evangelho na vida de todos os dias. Cada batizado deve ser evangelizador no interior do seu próprio *óikos*: neste contexto ele é insubstituível. Eu, como sacerdote, não consigo alcançar todas as pessoas, mas as pessoas que vêm à missa de domingo, que fazem parte da paróquia, conseguem muito mais. Assim unimos nossas forças para evangelizar.

Como é a espiritualidade do evangelizador?

Consiste em conhecer Jesus Cristo, aprender a anunciá-lo, crescer na fé. Assim como o amor de Deus foi derramado nos nossos corações pelo Espírito Santo (cf. Rm 5,5), nós acolhemos plenamente aquele que está próximo de nós: amando o irmão em nome de Jesus, fazendo por ele tudo o que Jesus faria. O irmão se sentirá evangelizado à medida que perceber que nós nos interessamos por ele sinceramente.

Qual é a importância de evangelizar o *óikos*?

É um modo maravilhoso de alcançar as pessoas. Na evangelização, que se faz através do conjunto das relações já existentes, nós podemos testemunhar o amor de Jesus às pessoas que encontramos habitualmente. É um método muito eficaz de tocar o coração das pessoas. Quanto mais somos próximos de alguém, mais temos a possibilidade de partilhar.

Pode dar exemplos?

Claro! Um empresário pode chamar seus amigos para um churrasco. Durante o churrasco ele pede a atenção de todos e dá seu testemunho. Pode contar o que Jesus tem feito na sua vida. Como é a sua vida depois de seu acampamento. Como é a sua vida depois que aceitou Jesus como Senhor e Salvador de sua existência. Um estudante, durante um grupo de estudos, dá o seu testemunho do que Jesus tem feito na sua vida. Isso é muito poderoso! Muitos jovens não escutarão um padre, mas ficarão impactados com o testemunho de um outro jovem que teve a vida transformada por Cristo. Depois virão, com certeza, para a comunidade eclesial. Ainda um exemplo: uma mulher no salão de beleza conta o que Jesus tem feito na sua vida. Isso é fantástico! Então convida as amigas para sua célula.

Como tem sido essa experiência na vida paroquial?

Uma maravilha! Especialmente entre os casais. Muitos casais estão em célula. Ali eles se encontram. Ali eles crescem espiritualmente. São encorajados a participar da Eucaristia dominical, são cuidados humana e espiritualmente. Muitos casais que passavam por dificuldades no matrimônio, agora, são cuidados por outros casais, são encaminhados para ajuda e são edificados com o testemunho de quem já superou e cresceu.

Quem são os autores no processo de evangelização?

Primeiro: o Espírito Santo. Não se pode evangelizar sem a força do Espírito Santo. Pensemos na visita de Maria à sua prima Isabel, era o seu *oikos*: uma prima grávida (cf. Lc 1,39-42). O Espírito Santo é sempre o primeiro na evangelização, devemos invocá-lo, falar com ele, adorá-lo. **Segundo: o evangelizador.** Foi ele quem recebeu o mandato de Jesus: **"Ide pelo mundo inteiro, proclamai o Evangelho a toda criatura!"** (Mc 16,15). Esse deve ser o ideal de vida de todo batizado. Não é preciso deixar trabalho, família, estudos, mas no seu próprio ambiente se pode evangelizar, exceto quem receber uma missão específica de deixar tudo; este também deve sem medo arriscar por Cristo. **Terceiro: a pessoa a ser evangelizada.** A pessoa que conhecemos e que, agora, sabemos que Deus colocou no nosso caminho para que a levemos para Jesus.

O que é mais importante para quem recebeu o mandato missionário?

A oração. **Onde existe uma pessoa que reza sinceramente, sempre acontece algo novo, sempre acontece algum milagre.** Todas as técnicas, todos os planejamentos que não forem sustentados por uma vida de oração pessoal correm o risco de não dar em nada. Nos Atos dos Apóstolos vemos que, nas dificuldades, os Apóstolos, juntamente com a Igreja, se entregavam à oração, especialmente à oração de louvor. Quem não tem oração pessoal mais cedo ou mais tarde vai abandonar a Igreja. Existem dois modos de abandonar: deixando a comunidade ou vivendo nela sem entusiasmo, sem alegria...

Então, o que muda na vida de quem reza?

Tudo. Uma vida de oração é uma vida de alegria, de superação. A verdadeira oração leva ao autoconhecimento. Tudo isso desemboca no serviço. **Quem não reza acaba perdendo a coragem diante dos desafios. A vida nem sempre é justa, mas quem reza continua em frente assim mesmo.**

E o que significa servir?

Servir é acima de tudo manifestar o Amor trinitário que reconhecemos e em quem acreditamos: Deus é amor. **Servir significa viver o amor e, desta forma, permitir que a luz de Deus entre no mundo.** "Se vês a caridade, vês a Trindade", dizia Santo Agostinho. Se queremos ser missionários, devemos primeiramente servir, testemunhando com a nossa vida gestos de caridade. Antes de tudo, devemos servir as pessoas. Sei de uma pessoa da minha paróquia que veio uma vez em uma missa, e alguém se aproximou dela, pegou-a pela mão e a fez sentar-se em uma cadeira que havia preparado para ela. A Igreja estava cheia, e ela deveria ter participado da missa de pé; o gesto de serviço daquele membro da Igreja foi tão cheio de bondade que a pessoa nunca mais deixou de ir à missa na minha paróquia e hoje é um grande líder na comunidade. **A evangelização precisa começar com o serviço. Jesus é servo.**

Por que o Senhor Jesus nos chama a servir?

Porque Jesus Cristo, pela Sua morte e pela Sua Ressurreição, nos libertou do pecado, do egoísmo, do orgulho. Tornamo-nos filhos de Deus, co-herdeiros de Cristo e morada do Espírito Santo. **Servir as pessoas com verdadeira gratuidade é um grande sinal de conversão e missão.**

No serviço, nos realizamos enquanto pessoas. Servir é uma vocação absolutamente natural, porque o ser humano é naturalmente servidor. **Fomos criados para amar. Como servimos com verdadeiro amor, descobrimos nossa verdadeira identidade. Aprendemos o caminho da felicidade.**

Quando servir?

Somos chamados a servir em todos os momentos, sobretudo quando as pessoas mais próximas de nós estão mais precisando. **O missionário deve estar muito atento para não se preocupar muito em evangelizar fora de casa e esquecer os da sua própria casa.** Claro que nem sempre conseguimos evangelizar os membros de nossa própria casa, mas os serviços de caridade devem ser sempre realizados. Uma esposa que passa muito tempo na Igreja e não serve com alegria na sua casa não está no bom caminho. Um marido que serve fora de casa e não encontra tempo para os filhos e esposa precisa refletir sobre sua estrada. Além dos serviços que devemos prestar segundo nosso estado de vida, existem muitas situações que podemos servir, desinteressadamente, e que são momentos de evangelizar: quando uma pessoa se casa, quando nasce um filho, quando recebe novas responsabilidades, em uma mudança de residência, em problemas de relacionamentos, em um falecimento, quando passa por problemas profissionais e econômicos, de doença ou acidentes, de depressão e ansiedades. São momentos em que as pessoas precisam do nosso servir. E, servindo assim, estamos evangelizando e tornando o Evangelho mais crível.

Como tem servido o Papa Francisco?

Cada Papa é um dom da Providência de Deus para o seu tempo. Amar o Papa Francisco, reconhecê-lo como grande dom para este tempo, não é desmerecer os outros, aliás, os últimos Papas foram homens extraordinários. O Papa tem ajudado a Igreja com seu exemplo e com suas palavras. Porém, mais importante do que admirar o Papa, é preciso ler, refletir sobre o que ele tem falado. Muitos católicos têm lido pouco e isso me preocupa. Nos tempos de hoje, com profundas mudanças, quem não lê, não estuda, não conhece a história, corre o risco de falar bobagem. Muitos amam o Papa, porém ainda poucos realmente leem o que ele escreve. Ler é bastante importante. Um pregador que ainda não tenha lido *Amoris Laetitia*, a exortação apostólica pós-sinodal sobre o Amor na família, a exortação apostólica *Gaudete et exsultate*, sobre o chamado à santidade no mundo atual, e a exortação apostólica *Evangelii Gaudium*, sobre o anúncio do Evangelho no mundo atual, está em dívida!

Como tem sido a pregação da Igreja?

Quando, por excessivas prudências, empurramos com a barriga decisões urgentes; quando, para não perder o patrocínio, medimos cada palavra da nossa pregação porque o governo pode nos tirar a concessão de rádio ou de TV; quando não falamos da dor do povo e, mesmo que os bispos e o Papa falem, continuamos só falando de coisas doces, que não comprometem nossas obras; quando nossos cantos só celebram o céu e jamais lembram a dor, o ódio, a droga, a violência, o dinheiro; quando encolhemos nossa Bíblia e só falamos de coisas celestes... alguma coisa está faltando na nossa pregação. **Jesus rima com luz, mas também rima com cruz! Quando vejo pregadores que não abrem livros, imagino corações do tamanho de melancia e cabeças do tamanho de um ovo de codorna, e isso não é bom.** Além do coração é preciso dar também nossa cabeça ao Senhor!

Como tem sido a comunicação na Igreja?

Nunca se comunicou tanto na humanidade e, provavelmente, nunca se comunicou tão mal. O advento da mídia ampliou a informação, mas também ampliou a mentira. Há de se distinguir com muito cuidado entre o comunicar bem e comunicar o bem. Em tempos de internet, que são também tempos de calúnias, maledicências e acusações irresponsáveis, há muitas pessoas crucificadas no mundo da política, das artes, dos esportes, da mídia e da fé. Veicula-se uma fofoca e, em pouco tempo, ela é divulgada. Poucos verificam se é verdade. É preciso pensar sobre o que comunicamos. Em janeiro, o rapaz disse para uma moça: eu te amo mais do que tudo neste mundo. Em maio, já estava dizendo a outra: eu te amo mais do que tudo neste mundo e, em novembro, dizia a uma outra: eu te amo mais do que tudo neste mundo. Mudaram elas, mudou ele, ou mudou o sentido da expressão? Quando alguém diz que adora comer, não está dizendo que adora da mesma forma que se diz "bom dia" sem estar dizendo, ou "eu te amo" sem estar amando. Muitas palavras perdem totalmente o sentido na boca de quem não pensa quando fala.

E a Igreja está em crise?

Entendendo crise como oportunidades, com certeza! Isso faz bem. Os desafios nos fazem rezar mais, pensar mais, dialogar mais, e isso é bom. Precisamos saber interpretar as demandas do tempo. Uma criança chorou de medo no avião que balançava. Duas poltronas mais à frente, outra se divertia, achando que o avião era um cavalo. No balançar da vida, somos como essas crianças: alguns tremem de medo das "balançadas" da vida, outros até que gostam do desafio. E há os que nem sabem do que se trata; estão dormindo.

Você se sente livre como missionário?

Liberdade implica escolha que quase sempre envolve angústia. É preciso aprender a ser feliz dentro dessa dinâmica. Eu, para ser feliz, tive que aprender a viver com as escolhas que não fiz. Não nasci livre, não cresci livre, mas me tornei livre no dia em que descobri que o espaço de vida que me foi dado era suficientemente grande para eu não me sentir prisioneiro. Eu posso escolher interpretar as coisas de modo diferente, e isso é também liberdade. **Quando eu não consigo mudar as coisas externamente, gosto de imaginar que Deus está me convidando para ter um coração mais largo e generoso.**

Como o missionário deve lidar com a fama?

Parece-me que a fama, a exposição, é como o sol de verão depois das onze. É melhor se cuidar para não fazer mal. Autoexposição demasiada pode fazer mal para a alma.

Qual a sua mensagem para os missionários?

Não tenham medo de arriscar, de pensar ousadamente. Se fizermos sempre o que sempre foi feito, não experimentaremos as novidades do Evangelho. Ousem mais. Amem mais. Pensem mais. Leiam mais. Sejam mais misericordiosos. Não estamos sozinhos!!!

"Deus chega na hora certa e no tempo Dele."

Astromar Braga

O mensageiro da felicidade

O menino da rua Bartira, em Presidente Prudente (SP), cresceu. Não muito em tamanho, é verdade, mas em graça, humildade e sabedoria. Deixou toda uma vida próspera para dar justamente prosperidade às esperanças de milhões de pessoas a partir de uma frase que ele repete quase como um mantra: "Felicidade não é aonde se chega, mas a forma como se vai".

Nas mais diversas pregações, Astromar tem um cuidado especial de começar quase sempre com sua origem. Tem orgulho dela, claro, mas sobretudo apresenta para as pessoas uma visão bem mais real da vida. Na verdade, a história dele poderia ser a história de muitos outros que perderam o pai cedo e tiveram de enfrentar a dureza de uma vida sem luxo e com muito pouco. Mas é aí que ele muda tudo, porque do "pouco" que tinha, Astro, como é chamado, faz questão de ressaltar o "Tudo" que preencheu sua vida desde criança.

"Minha mãe, dona Lourdes, saía de casa para trabalhar e deixava sempre quatro pedaços de pão na mesa. Para mim e para minhas irmãs. Muito tempo depois eu percebi que na verdade não éramos somente quatro, e sim cinco pessoas. Ela saía sem comer", diz, fazendo questão de ser entendido que a primeira lição da vida estava bem ali, diante de seus olhos com a mãe sendo a provedora não só de alimento, mas de acolhimento, amor e proteção. "Faltava tudo em casa, mas nunca faltou 'o Tudo'".

E é interessante que sua mãe ainda costuma ser o seu ponto geodésico no mundo. Todas as tardes, quando está em Presidente Prudente, no interior de São Paulo, dá "uma passadinha" para um café na velha xícara de porcelana e principalmente para um "colinho" de mãe. "Eu era jogador de futebol profissional. Ganhei a vida assim e hoje tiro

Astromar Braga

meu sustento sendo diretor de uma empresa de treinamentos. Mas, no fundo mesmo, a minha força vem ali da família, de reconhecer em algo tão simples um presente valioso."

Não por menos que o início da vida como missionário partiu de um incômodo comum daqueles que nunca se contentam com pouco: sempre vai faltar alguma coisa se a vida for somente ligada à materialidade. Almas vazias. E depois de ser jogador profissional, conseguir *status* e fama, decidiu ser diferente, assim como a Irmã Beatriz lá do colégio Cristo Rei, onde ele fez o ensino fundamental, que sempre dizia: "Astrinho, você deve se atrever a ser diferente".

Como quase sempre acontece nas vidas atribuladas, a religião é um porto seguro. E lá foi o menino, primeiro para um grupo de oração em São José dos Campos (SP) e depois para uma missa onde imediatamente se converteu, recuperou todo o amor a Deus e impôs a ele uma única condição: "que nunca me chamem para falar, ir lá na frente falar igual aos pregadores". Há momentos em que parece que Deus é um brincalhão, porque, se tem um lugar que Astromar se sente feliz

Perfil

e realizado, é justamente à frente de plateias, pequenas ou grandes, tanto faz, para levar a todos aquilo que emana dele de mais especial: o amor do Pai. Não por menos que a voz bem colocada se faz presente desde 1995 no Grupo de Oração, preparado por ele à mão em dezenas de cadernos espirais, e também na espiritualidade de um dos mais bonitos e singelos serviços que presta a Deus: a implantação de acampamentos católicos. Como diz, são caminhos diretos para o céu.

Astro é um instrumento de Deus. Certa vez, ele ouviu que estava em um nível superior, mas com certeza dispensa esse tipo de adjetivo e compreende que tudo em sua vida concorreu para que a missão estivesse sempre ao seu alcance. Mesmo quando não tendo, a princípio, entendido bem o porquê de tantas lutas, de decepções, das insistentes mudanças de rumo provocadas por seu mentor, o Monsenhor Miguel Valdrigui, e das dores do mundo. Mesmo quando teve de experimentar de maneira sem igual a impotência humana diante da morte, quando clamou a Deus, sem sucesso, para que ele lhe desse o dom de ressuscitar a sobrinha, Mariana Braga, vítima de uma bala perdida, e ao mesmo tempo conseguir compreender que o Pai nunca evitaria aquela tragédia, mas que, a partir dela, surgiria uma obra que mudaria a vida de milhares e milhares de pessoas no Brasil e no mundo.

Quando vai sair de casa para a missão, deixa sempre aos cuidados de Deus a "mulher linda", como ele pensou quando viu a esposa Priscilla Braga pela primeira vez, e pede sempre ao pai que, ao cuidar da família de Deus, que ele cuide também da mulher e dos dois meninos que já estão vivendo suas vidas mundo afora, Pedro e Felipe. Entre idas e vindas, cuida da empresa de treinamento de lideranças junto com dois sócios, mas orgulha-se mesmo de ter tomado a decisão de ser sal da terra e luz do mundo.

É, o menino da rua Bartira cresceu! E como!

2

ASTROMAR BRAGA

Paróquia Nossa Senhora do Carmo
Diocese de Presidente Prudente (SP)

Em que momento da sua vida você percebeu que tinha um chamado específico de Deus para ser missionário?

Tudo começou com a minha vida dentro do esporte. Eu fui jogador de futebol profissional durante alguns anos. Um menino simples da periferia de Presidente Prudente, no Oeste Paulista, interior de São Paulo. Perdi meu pai com 5 anos de idade. A minha família era muito desprovida de recursos financeiros; a pobreza era tamanha que nós passamos a morar no porão da casa da minha avó. Mesmo com toda essa ausência de bens financeiros e até conforto material, a minha mãe nunca deixou faltar "o Tudo". Ela é uma mulher que frequentou pouco a escola, mas tem uma sabedoria que muitos acadêmicos nunca terão, pois essa sabedoria não provém do saber, mas do sabor: saber saborear todas as situações da vida e transformá-las em experiência de vida, e que experiência não é o que acontece com a pessoa, porém o que a pessoa faz com aquilo que lhe acontece. Quando eu olho para a minha história até aqui, me certifico de que esse "Tudo" é que fez a diferença na minha vida. Aquele menino pobre da periferia só tinha uma opção: usar o talento nato, que era jogar futebol. Então, com 13 anos de idade eu saí para jogar e tentar a vida na cidade de Campinas, interior de São Paulo, no Guarani Futebol Clube. E lá esse Deus que a mãe apresentou de uma forma tão simples sempre me acompanhou, e passado todo esse tempo, eu sei que em cada passo da minha história Deus se fez presente. Faz quase 25 anos que eu sou missionário; mais de duas décadas que eu decidi dizer "sim" para os planos que Deus sonhou para mim. Há uma história que foi determinante para essa abertura ao Evangelho. Gosto de compartilhar onde foi a raiz de tudo. Era uma quarta-feira à noite, eu havia jogado no Pacaembu contra um grande time, e naquela noite eu fiz o gol. Foi uma noite perfeita: de entrevistas de televisão de tudo o que aquele menino da periferia, do porão da avó, sonhou em vivenciar. De tão incrível que foi, aquela noite acabou quase na madrugada. Eu fui para a cama muito satisfeito com tudo aquilo, mas não conseguia dormir. Vinha à minha mente toda hora uma história que vivenciei no porão – um fato que acontecia todos os dias naquele porão da casa da minha avó. Eu lembro que a mãe saía todos os dias para trabalhar, com sacolas nas mãos, e todos os dias ela deixava um pão cortado em quatro partes em uma pequena mesa no centro. Todos os dias ao amanhecer, ou tinha o café, ou tinha o leite com alguma coisa, ou até mesmo o café com leite. Mas o pão estava cortado em quatro partes. E a gente até brincava que, quem acordasse primeiro, escolhia a parte maior e, geralmente, era o bico, que parecia maior. Minha mãe cortava milimetricamente aquele pão. Deitado na minha cama naquele apartamento, não saía da minha mente essa cena, e vieram duas coisas muito fortes em meu coração, que eu tenho certeza de que foi Deus que me deu essa lembrança. Foi uma experiência a sós com Deus, e em uma lembrança afetiva, algo que foi me envolvendo aos poucos e me transformando. Veja: o pão cortado em quatro partes, a mesa pequena, as banquetas embaixo da mesa, e Deus me disse assim: "Está vendo o pão cortado em quatro partes? Você se lembra?". Eu respondi: "Lembro". Ele insistiu em dialogar comigo e me disse: *"A tua mãe saía com fome para deixar para vocês a melhor parte. Se a tua mãe, no amor humano e limitado, te ama desse jeito, imagina Eu! Para você, eu tenho a melhor parte de todas"*. Até então, eu não sabia qual seria essa melhor parte. Mas vem um segundo fato, uma segunda história que me chama atenção e ajuda a remontar melhor esse cenário.

Pelo fato de a minha família ser muito pobre, minha mãe às vezes pedia ajuda para as pessoas na rua; um emprego ou até para lavar roupas

O mensageiro da felicidade

para alguém e mantimentos para a nossa casa. Certo dia, ela encontrou uma irmã do Colégio Cristo Rei de Presidente Prudente, a Irmã Beatriz, isso na década de 1970. Essa Irmã levava cestas de alimentos para nós em casa e um dia ela, me vendo, me disse assim: "Eu quero que esse menino estude lá no Colégio Cristo Rei!". O Colégio Cristo Rei era um lugar impensável para a nossa realidade, pois era uma escola particular e minha família nunca teria condições de pagar o meu estudo lá. Eu, preocupado, a questionei: "Mas Irmã... Como isso?". Ela falou assim: "Você vai ter a bolsa de estudos até quando você quiser". E me levou para dentro do Colégio Cristo Rei. E eu, menino, agitado, devia ter uns 8 anos de idade, estudei todo o meu Fundamental II nesse Colégio. E se tem uma coisa que eu sempre tive é uma autoestima muito alta, eu me relaciono bem com as pessoas, e lá no Cristo Rei não foi diferente; em pouco tempo eu fiz muitos amigos e já liderava a sala de aula. Porém, eu era muito agitado e fazia muita bagunça, mas a Irmã Beatriz nunca me cobrou o fato de eu ser bolsista e ser obrigado a me comportar. No meio de todo mundo, todos bagunçando, ela me via e falava assim: "Astromar!" Ela era uma irmã portuguesa, falava alto e grosso. Um dia me falou assim: "Me acompanhe até a sala". Eu falei: "Mas, Irmã, não sou só eu". Ela disparou: "Não me interessa quem é. Eu estou vendo você!". Acredito que ela me enxergava no meio daquele monte de meninos, às vezes, nem eu estava no meio da bagunça, mas ela me chamava para a sala dela. No meio da galera, ela chamava a minha atenção assim como em relação aos demais alunos. Mas no momento em que eu sentava na mesa dela na diretoria, ela falava assim: "Astrinho, você tem que ser diferente. Você tem uma alma diferente. Você tem algo diferente dentro de você, contudo, não está sendo diferente. Você está sendo igual a todos os outros meninos". E eu queria a todo custo justificar com algo, pois não queria magoá-la, pois a amava muito. Lembro-me de que falava assim: "Mas não fui eu". E o interessante que ela reforçava que não estava dizendo que era eu, mas que eu era diferente, por isso eu teria que me comportar diferente. Eu ficava com aquilo na cabeça; e todas as vezes que eu fui para a diretoria, não tinha outra palavra da Irmã a não ser essa: "Astrinho, atreva-te a ser diferente. Você tem que se atrever a ser diferente".

Passados muitos anos, eu já jogador de futebol, fiquei sabendo que a Irmã havia sido transferida de Presidente Prudente para Sorocaba.

Ela continuou no mesmo colégio e congregação, e eu fui jogar em Sorocaba com o Guarani de Campinas, e chegando a Sorocaba, eu descobri onde era o colégio e fui fazer uma visita, pois pensei: "Eu vou lá ver a Irmã, porque eu tenho uma gratidão muito grande por ela". Peguei um táxi e fui até o colégio; quando eu cheguei ao local, me apresentei e me disseram que ela estava na capela; então me dirigi até lá. Foi uma experiência que jamais poderei esquecer. Ela estava rezando como de costume e resolvi entrar. Eu não sabia como chegar até ela, muito menos como iniciar um assunto. Pensava se eu ia assustá-la, se eu não iria, se eu deveria chamá-la ou a esperava. Fui chegando perto e falei baixinho perto dela: "Irmã Beatriz? Irmã Beatriz? É o Astromar. Sou ex-aluno do Colégio Cristo Rei". E ela já com dificuldade para enxergar, respirou profundamente e me olhou com um olhar terno, o mesmo olhar de anos atrás, e depois ficou de pé e me abraçou como se fosse a primeira e a última vez. De repente, a sábia Irmã me fez uma pergunta que jamais vou me esquecer: "Astrinho, você se atreveu a ser diferente?". Naquele instante não pude me conter. Abraçado a ela, chorei copiosamente nos seus ombros.

De que forma as experiências vividas na infância mostraram para você os planos que Deus tinha para a sua vida?

Na minha juventude, querendo me destacar no futebol, eu pensava que ser diferente era ser jogador de futebol; então disse a ela: "Ah, Irmã, me tornei jogador de futebol, não sei se isso é o diferente". Ela sorriu e me disse assim: "Ainda você não descobriu a tua essência. Você ainda não é diferente!". E ali ficou uma interrogação muito maior do que aquele menino do Fundamental. Continuei jogando no Guarani e conheci um amigo protestante que jogava no mesmo time que eu, porém segui jogando futebol, e alguns anos depois, disputei um torneio de início de ano no Nordeste do país. Ganhamos o torneio e o reconhecimento, princípio de fama, comida, roupas, conforto. Mas o vazio na minha alma era muito maior que toda aquela alegria, pois me faltava "algo". Estava vivendo um tempo muito especial na minha vida, porém o vazio continuava muito grande, a ponto de meu amigo de

O mensageiro da felicidade

quarto perceber. Todos os jogadores estavam prontos para sair, era final de tarde, início de noite, todo mundo se arrumando, e este meu amigo foi sair e me disse assim: "Vamos Miranda!". Eu falei: "Eu não vou, estou cansado", e ele falou: "O que é que você tem? Vamos embora!". Eu respondi: "Realmente estou muito cansado". Mas dentro de mim era completamente diferente, eu não estava cansado, eu me encontrava com a alma e com o coração vazios. E aquele antigo questionamento da Irmã ressoava dentro de mim. Meu amigo me disse: "Miranda, posso te falar uma coisa? Deus ama você!". Explodi por dentro. Pensei: "Deus me ama?" E eu falei: "Ok. Obrigado!". Não falei "Amém" ou "Aleluia" ou "Glória a Deus", não falei nada disso, não sabia, não tinha essa linguagem. Eu só conhecia a linguagem do amor que a minha mãe me ensinou no porão, que amor não é sentimento, amor é atitude. Eu não frequentava igreja nesse período, aliás, a última vez que eu tinha ido a uma igreja fora na minha Primeira Comunhão. Ele saiu do quarto e eu fiquei sozinho. Aproveitei para pedir um lanche e liguei para a minha família. Eu me encontrava muito triste e não sabia o que era. Hoje a gente sabe que era aquele vazio, uma angústia, depressão; não tinha algo, não tinha motivos para eu poder estar triste naquele momento. Uma mulher que eu não conhecia – mas trabalhava ali – subiu com o lanche em uma bandeja, bateu na porta; eu mantive a porta entreaberta e ela me entregou o lanche, agradeci e, antes de se despedir, ela me disse: "Moço, posso te falar uma coisa?". Eu disse: "Sim, claro!". E ela disparou: "Deus ama você". Eu empurrei a porta e pensei assim: "O meu amigo passou lá embaixo e falou que se eu pedisse alguma coisa era para a mulher repetir que Deus me amava", porque eu sabia que ele era "crente", e logo imaginei que havia armado tudo. Não tinha razão para aquela mulher me falar aquilo. Acabou que, logo que fomos para a nossa cidade, ele conseguiu me levar para uma igreja evangélica; terminando o culto, eu disse a ele que não havia gostado, pois a minha tradição era católica, como também de toda a minha família. E ele entendeu, porém não desistiu; então me levou para um grupo de oração católico, e eu aceitei o convite. No caminho foi me falando sobre o pregador. Eu nem sabia o que era ser pregador. Era um grupo da Renovação Carismática Católica e, quando eu cheguei, a primeira coisa que eu vi foi que não era "um" pregador, era uma mocinha, e a mocinha entrou falando assim: "Ah gente, desculpa. O pregador não pôde estar aqui hoje e eu resolvi ajudar. É a primeira vez que eu faço isso em grupo". E logo pensei: "Nossa, o que era ruim vai ficar pior ainda...". E a moça, toda tímida, começou a falar tantas coisas ali naquele grupo de oração. Sentado ao meu lado tinha um senhor de uns 70 anos de idade. Naquela noite foi o que mais me tocou. Não foram as palavras daquela moça, foi a alegria daquele senhor do meu lado que mais me chamou a atenção. Teve um momento, no início do grupo, em que pediram para desejar uns aos outros a "Paz de Cristo"; foi quando o homem me abraçou e, eu com os braços juntos à cintura, me levantou do chão e me desejou a "Paz de Cristo", e no ímpeto disparei: "Para o senhor também. Mas agora, por favor, me coloque no chão!", pois ele havia me levantado. Naquele noite, eu não acertei uma coreografia. Eles batiam palmas, eu não. Levantavam o braço, e eu só ficava olhando para tentar acompanhar da melhor forma que eu pudesse. Quando pediram para fechar os olhos, eu fechei só um, porque eu pensava: "Eu não sei o que vai acontecer aqui; qualquer coisa saio correndo por esse corredor central da igreja sem olhar para trás...". Mas eu saí com um entusiasmo, com um amor pela vida tão grande e com uma vontade de ser melhor. Isso aconteceu na cidade de São José dos Campos (SP), onde eu estava jogando no time Esporte Clube de São José. E tudo aquilo ficou dentro de mim. No domingo seguinte eu busquei uma missa. Quando cheguei à frente da igreja, o padre, um alemão enorme que estava na entrada da porta principal, cumprimentava um por um que chegava para a celebração, e lógico que eu quis escapar. Tentei as portas laterais e todas estavam fechadas. Aproveitei então que o padre foi cumprimentar uma família e tentei passar ao lado. Nem sei bem por que fiz isso, não sou introvertido, pelo contrário, sempre eu gosto de cumprimentar, gosto de abraçar, mas naquela hora eu não queria. Estava com medo dele me perguntar algo, não sei bem qual era o meu receio. Aproveitei que o padre estava acolhendo aquela família e tentei passar por trás dele sem que me percebesse, e quando dei por mim, ele, com aquela mão enorme, que mais parecia uma raquete de tênis, me estendeu o braço e disse: "Oi, jovem, seja bem-vindo à casa do Pai, que também é tua". Naquele momento eu já entrei chorando, pois a frase que ele me disse mexeu muito comigo: "Seja bem-vindo à casa do Pai, que também é tua". E ali tocou uma música, que na época tocava na igreja, que dizia assim: "Muito alegre eu te pedi o que era meu, parti. Um sonho tão normal. Dissipei meu coração e os bens também, no fim meu mundo era irreal". Olha o que diz o refrão: "Confiei no teu amor e voltei. Sim, aqui é o meu lugar. Eu gastei meus bens, óh pai, e te dou este pranto em tuas mãos". E depois fala: "Mil amigos conheci, disseram Adeus, caiu a solidão em mim. Um patrão cruel levou-me a refletir: meu pai não trata um filho assim". Eu chorei copiosamente. Logo após a leitura do Evangelho, o padre disse: "Hoje não sou eu quem vou fazer a homilia. Quem fará é fulano". Sabe quem era? O pregador que havia faltado naquele dia no grupo de oração. Deus realmente tinha marcado aquele dia.

De que maneira a Palavra de Deus, através daquele pregador, te impactou a ponto de você querer servir a Cristo mais de perto?

O pregador daquela noite falou tantas coisas que caíam no meu coração. Era missa das crianças. Eu não conseguia parar de chorar, pois estava sendo muito visitado por Deus. Chorava tanto que eu peguei um folheto e coloquei no rosto, pois todas as crianças ficavam me olhando chorar; tentei disfarçar. Ao final da missa, na presença das imagens de uns santos que havia ali na entrada da igreja, eu me ajoelhei e fiz uma oração. Como era domingo e eu ia jogar mais tarde, eu pedi a Deus que fizesse um gol, que eu ganhasse o jogo. E ainda fiz uma promessa para Deus de que voltaria sempre ali se ganhasse o jogo e fizesse um gol. Mas havia uma condição: de que eu nunca fosse chamado para falar lá na frente igual aquele moço. Eu já estava com vergonha do padre pegar na minha mão, imagina falar lá na frente! E eu fui para o jogo à tarde. Chegou no meio tempo, o treinador me tirou e estava zero a zero. Ou seja, eu não tinha feito gol. Eu falei: "Caramba! Eu pedi a Deus para fazer um gol". Perdemos o jogo para o Juventus da capital. O primeiro pedido era "fazer um gol", o segundo pedido "ganhar o jogo" e o terceiro pedido era "nunca falar lá na frente". Os três, Deus não os concedeu. Passados todos esses anos, eu lembro agora que aquele pedido não fez sentido nenhum para Deus; aquele dia foi o contrário: Deus me escolheu. Depois dessa experiência, é claro que eu não larguei tudo e fui servir a Deus. Mas com certeza foi o início do grande projeto de missões que Deus tinha na minha vida.

A sua conversão foi acontecendo conforme uma sucessão de experiências com Cristo. O que aconteceu quando você voltou para Presidente Prudente? Você já sabia o que queria em relação ao seu chamado?

Quando voltei para Presidente Prudente, exatamente na Paróquia Santa Rita de Cássia, eu fui acolhido por alguns amigos porque nesse período eu estava me recuperando das cirurgias que fiz no joelho. Eu havia passado no vestibular em Campinas e estava querendo me transferir para Presidente Prudente. Tinha um antigo jogador chamado Pepe que formou um projeto denominado "Tóquio". A ideia era construir um time para o futebol no Japão, e o meu nome estava na lista. Eu sabia que ia chegar o convite, contudo, nesse meio tempo estava me recuperando. Então eu fiz uma oração e falei para Deus que queria ficar. Em verdade, eu já queria servir. Mas onde? Eu já tinha experimentado Deus no grupo de oração, nas missas, e eu fiz essa oração para Deus. E Ele foi me mostrando o caminho. Eu neguei o projeto Tóquio por vários motivos: um deles era que eu não iria me recuperar a tempo e tinha outras propostas de vida. Eu já frequentava a Santa Rita, e o pároco era o padre, hoje, monsenhor, Miguel Valdrighi. Ele me acolheu como filho, me adotou como filho e durante sete ou oito anos ele me deu formação. Todas as segundas-feiras de manhã eu tinha formação com o padre. Eu já fazia faculdade à noite e, depois de passar em um concurso, trabalhava no período das 10h às 16h em um banco. Então, comecei a me envolver com as atividades da paróquia, e ele viu em mim um espírito de liderança; eu digo que ele viu, porém ele nunca me dizia isso diretamente. Lá na Paróquia Santa Rita já tinha grupo de jovens, e eu participava com o grupo de jovens, porém sem liderar nada, o meu lugar era no fundo da igreja só aprendendo. Só que ele sempre falava da minha capacidade de comunicação e da habilidade em assimilar os ensinamentos. Não demorou muito tempo, e ele me fez um convite: "Eu quero te acompanhar de perto. De duas, uma:

ou você vai me dar trabalho, ou você vai me dar muita alegria", disse ele, seguido de uma grande gargalhada. Ele brincava com isso. Então, nessa catequese individual que ele fazia comigo, tinha semana que recebia um livro para ler, na outra discutíamos o assunto, depois tinha que ler uma parte do Catecismo da Igreja Católica ou do *Evangelii Nuntiandi* (8 de dezembro de 1975) de Paulo VI, além de outros documentos da Igreja. Eu fiquei durante oito anos nessa formação. E eu digo que é uma formação humana também, pois o Padre Miguel é um homem muito bom, racional e humano. Essa minha humanidade e a minha formação eu devo a ele. Foi motivo de muita cura na minha vida, de resolver muitos conflitos, porque, imagine, quantos traumas, quantos complexos eu carregava. Mas tudo era resolvido ali. Ele me atendia, e alguns encontros eram dedicados à formação, outros eram espirituais; de acordo com a minha necessidade naqueles dias, ele dirigia o nosso encontro semanal.

Como começou o seu ministério dentro da Paróquia Santa Rita com o Padre Miguel?

Quando me formei, eu já tinha 29 anos de idade. Mesmo assim, depois de formado, continuei meus encontros com o Padre Miguel semanalmente. Foi quando ele resolveu me dar um grupo de jovens para eu transmitir tudo aquilo que eu aprendia com ele, e o projeto prosperou e eu comecei a entender e atender os jovens com os seus anseios, sonhos e conflitos. E aquele grupo foi o primeiro, e se chamou "Deus de Israel", lá na Paróquia Santa Rita. Fiquei à frente por alguns anos, até que o Padre Miguel me chamou e disse: "A partir do próximo sábado, você não vai mais liderar o grupo!". Ele argumentou que eu, com 30 anos, já não era mais jovem e que era preciso que eu aprendesse mais e me tornasse adulto. Não foi uma situação simples, porque ele me tirou um grupo enorme, com cerca de 400 jovens, o maior da cidade e da diocese. Foi quando eu resolvi me afastar. Ele sempre me chamava de volta, mas eu negava. Até que um dia ele me ofereceu a coordenação de um grupo de adultos. Ele falou que me daria toda orientação, e assim retomamos a formação semanal como antes. Criou um ministério de música com alguns amigos meus, que participavam da paróquia e eram do meu coração, e me entregou de presente. Começamos o grupo de oração lá, inicialmente com a assessoria de alguns adultos, entre eles o Massau, um japonês muito importante na minha vida, dona Tânia e senhor Isaac. Esse grupo cresceu em poucos meses, afinal, aquilo que eu fazia no grupo de jovens eu passei para o grupo de adultos e só adaptei a linguagem. Eu fiquei lá cerca de três anos, até que, em uma de nossas conversas, Padre Miguel me disse assim: "Olha, apesar de o grupo estar muito bom, agora não é mais você quem vai pregar e animá-lo. A partir da semana que vem eu que vou pregar no grupo. Você vai sentar e participar". E assim aconteceu. Na semana seguinte lá estava eu no primeiro banco e olhava aquele padre fazendo tudo aquilo que eu não fazia. Era ele me mostrando algo diferente e me mostrando como fazer. Continuei ali participando, tínhamos um ministério de música que a gente saía para evangelizar em escolas, na rodoviária, nas praças, até que um dia ele me disse assim: "Astro, você não canta nem toca nenhum instrumento, você não é músico. Vou colocar outra pessoa que é ministeriado no seu lugar". Na verdade, hoje sei que ele estava me formando, pois me dava algo e tirava ao seu tempo para que eu não me apegasse a nada e para me dizer que nada pertence a mim. Tudo é da Igreja. Até que em uma das suas orientações ele me ofereceu um curso em Brasília, uma temática de pregação, comunicador da mensagem cristã, e eu questionava: "Mas o que é que esse padre quer de mim? Ele me tira as coisas e vai me entregando outras?". Nesse curso eu tive a oportunidade de conhecer várias pessoas do Brasil inteiro, até mesmo um teólogo leigo chamado José H. Prado Flores. Quando estive por lá, conheci o Projeto de Evangelização 2000, e um casal da Diocese de Petrópolis (RJ), formado por César e Nanci Melo, que marcaram a minha vida, pois me convidaram a conhecer a sua diocese. Quando voltei do curso, pensei em um projeto de formação, uma escola para formar leigos, e resolvi apresentar para o padre: "Olha, padre, o que nós podemos fazer aqui na nossa paróquia: uma escola de formação, cursos bíblicos e podemos evangelizar jovens". Logo depois, eu fiz um acampamento também na cidade de Petrópolis e aí pude juntar os dois projetos: acampamento e formação para todas as faixas etárias. Tudo isso mexeu demais comigo e me inspirou algumas ideias. Assim, pude apresentar para ele um projeto completo. Ele pegou o projeto, devolveu carinhosamente nas minhas mãos e me disse olhando fixamente nos meus olhos: "Aqui não cabe. Esta ação é muito maior do que a paróquia; esse projeto é muito maior do que você. Para nós não serve". Perguntei a ele: "Mas o que nós vamos fazer?". Ele falou: "Não sei, decida você". Que frustração, que tristeza, que dor, que desprezo! Veio tudo, e eu pensava: "Este padre não tem a mesma visão que eu".

Deus certamente estava usando o Padre Miguel para te fazer crescer na missão. O que você aprendeu com tudo isso?

Na verdade, ele estava me empurrando para fora da paróquia para que eu pudesse crescer, estava me lançando para fora de mim para que eu aprendesse a voar. Até que eu decidi sair da paróquia, porém com um pedido dele: que eu mantivesse o grupo de oração lá na Santa Rita. E então eu saí apresentando esse projeto para outros padres da minha diocese, principalmente para os mais novos, que iriam aceitar o projeto. E foi então que minha mãe me pediu para apresentar o projeto ao Padre Aurélio, lá na Vila Maristela, no bairro onde morávamos; então eu disse a ela: "Mãe, se os padres novos não quiseram, você acha que padre velho vai querer esse projeto?". Porém, obedecendo à minha mãe, em uma manhã de sábado fui falar com o Padre Aurélio. Assim que terminei de apresentar o projeto, ele me disse: "Gostei demais, porém, quem tem que aceitar não sou eu, são os nossos paroquianos. Venha apresentar esse projeto aqui na paróquia amanhã, na hora da missa das 19h30", e eu aceitei o desafio. E no domingo, na missa principal, lá estava eu. Quando chegou a hora da homilia, ele me chamou ao altar, me apresentou dizendo: "Esse jovem aqui da nossa cidade, que mora aqui no território de nossa paróquia, tem um projeto novo para apresentar a vocês". Eu me preparei da melhor forma possível, como se fosse vender um grande produto. O melhor produto de todos os tempos. Durante a apresentação, as pessoas foram se entusiasmando e eu fiz um convite dizendo que no final da missa, quem quisesse começar o projeto comigo na paróquia, já com a autorização do Padre Aurélio, me procurasse na sacristia, que eu estaria lá. Já incluíra o padre para garantir, e saí. E não é que as pessoas aplaudiram! Eu acho que fiz um bom trabalho naquela noite. Fiquei esperando na sacristia e foram quase oito pessoas me procurar, quase oito, porque eram casais; as quatro mulheres não entraram para conversar comigo, só entraram os quatro homens. "Caramba! Tudo isso para quatro pessoas?". Mas eram quatro pessoas-chave da paróquia, e eu não sabia. Era o Fernando Barros, Silvio Jianelli, Nico Rena e o Pedro Lopes. E logo que iniciamos juntou-se a nós o Mário Zanutto. E foi com esse grupo que iniciamos o projeto na Paróquia Nossa Senhora do Carmo, na Vila Maristela. Mais tarde fui saber que esse grupo estava preocupado com o rumo da Igreja e da nossa paróquia. A partir da adesão deles, apresentamos o projeto ao bispo, que na época era Dom Agostinho Marochi. O primeiro curso que aconteceu foi o de Formação de Evangelizadores, eu o adaptei e ficou Formação de Formadores. **"O que de mim ouviste em presença de muitas testemunhas, confia-o a homens fiéis que, por sua vez, sejam capazes de instruir a outros."** (II Timóteo 2:2), porque eu vi ali naquele grupo não evangelizadores, mas pessoas que poderiam formar outros. E logo depois nós multiplicamos esse curso para outros grupos da paróquia e fomos formando novos evangelizadores, atendendo ao pedido do Papa João Paulo II, que era de trazer uma Nova Evangelização, já que **estávamos diante dos 500 anos de evangelização da América Latina.** Ainda nessa época, quem estava nesse primeiro grupo comigo era o Rubinho, Rubens de Oliveira, o Dilsinho Athia e a Priscilla Braga, a minha esposa. Tínhamos um desejo muito grande de que tudo desse certo. E nisso tudo, nós passamos para a paróquia e começamos um grupo de oração na Vila Maristela, que é o mesmo grupo até hoje que acontece todas as quartas-feiras; porém, eu continuava terça-feira lá na Santa Rita e quinta no Parque Alexandrina, que é uma de nossas capelas da paróquia. E eu pregava nesses lugares a mesma passagem bíblica. E com esse mesmo grupo que nós formamos de evangelizadores, nós evangelizamos todas as vilas onde se localizavam as capelas de nossa paróquia. E aí chegou um tempo em que o Padre Miguel falou que era para eu ficar só na Vila Maristela. Novamente fiquei bravo, mas disse a ele que só iria com a bênção de envio dele, e ele concordou. E em um de nossos cafés da manhã às segundas-feiras, eu cheguei após a missa para encontrá-lo, e ele tinha levado para a casa dele o Santíssimo Sacramento. Fez toda uma cerimônia, me ungiu, me enviou e se despediu de mim. Na verdade, foi um momento de muita emoção para mim e para ele também. Ao final ele me disse assim: "O filho cresceu e tem que ir para o mundo". Aí eu comecei a perceber o que era ser diferente, quando ele abriu a âmbula, expôs o Santíssimo Sacramento à nossa frente no centro da mesa e falou: "Hoje, no nosso café, Ele é o convidado principal". Tomamos o café da mesma forma; o mesmo café porque ele não coava café, ele esquentava a água e colocava café solúvel. Eu gostava com leite, e ele tinha o leite em pó para mim, e assim ele preparava o meu café com leite em todos os nossos encontros.

Só eu e ele, como das outras vezes. Eu e ele e o Santíssimo Sacramento à nossa frente no centro da mesa. Ele pôs toda a mesa e disse com aquela voz firme e suave: "Deixa um lugar aqui para Jesus. Ele já está ali". Colocou o terceiro prato e ria, ria com aquela gargalhada de sempre, e eu curtindo demais aquele momento único. A hora que eu quis começar a falar alguma coisa, ele me interrompeu e me disse: "Só que o café hoje vai ser em silêncio. Sempre fomos nós que falamos para Ele; hoje, é Ele quem falará para nós no silêncio". No café da manhã, só ouvíamos os barulhinhos dos talheres tocando nos pratos e nas xícaras, um silêncio total, porém um silêncio vivo. Na hora que acabou, rezamos um Pai-Nosso, ele me deu a bênção com Santíssimo Sacramento, e dali eu saí me sentindo enviado para uma grande missão, porém eu não sabia o que era ainda. Eu nunca mais voltei na Paróquia Santa Rita para fazer alguma coisa, a não ser para participar da missa. Uma coisa é certa: esse homem foi muito importante na minha vida. E as pessoas, realmente, pensaram que eu saí brigado com ele. Sou muito grato por tudo o que ele fez por mim. Depois de alguns anos, eu sempre me encontrava com ele. Até hoje as minhas confissões são feitas a ele, é meu diretor espiritual; de tempo em tempo eu volto, todos esses anos. Quando as coisas ficam difíceis para o meu lado, eu sei para onde eu corro, eu tenho colo, eu tenho um pai. Ele foi a figura do pai que eu não tive na minha vida, foi ele a figura do pai, duro, rígido, às vezes, grosso comigo, dava e tomava, e me fazia crescer e me desapegar das coisas. Tamanho aprendizado que hoje eu não tenho apego a cargo nenhum na Igreja, eu não tenho apego a cargo nenhum. **Eu fui fazendo es-**

ses acampamentos e passando para o mundo, formando equipes em tantos lugares. Hoje, na paróquia, eu não vou a mais nenhum acampamento. Não é meu, eu fui deixando os outros fazerem. A única coisa que eu ainda dirijo é o grupo de oração, pois espero encontrar alguém direcionado por Deus para assumir esse posto.

Um dos acontecimentos mais importantes para a sua vida foi o seu casamento com a Priscilla Braga. Por quê?

Deus vai criando novos caminhos, dando novas ferramentas, e eu vou vivendo essas novas experiências sem pesar. Então, eu vejo que se passaram alguns anos e eu fui levar o convite de casamento para o Padre Miguel. Ele pegou o convite, abençoou a mim e a Priscilla na sacristia, depois de uma missa, e falou assim: "Olha, você sabe que eu não vou a casamento nenhum, muito menos em festa de casamento. Eu quero dar a bênção para vocês aqui. Eu abençoo você como teu pai. Eu abençoo, você está entregue. Minha filha, cuida bem dele, isso aí é uma pedra preciosa". E aí fui para o casamento. No casamento, eu no altar em pé, na cidade de Assis no interior de São Paulo, a porta da igreja aberta, eu no altar esperando a Priscilla, não tinha nem começado a cerimônia, eu olhei e vi o padre chegando. Ele parou o carro, todo de preto, de clérgima, e não é que ele entrou com a minha mãe! Ele entrou com a minha mãe no casamento! Preparamos dois buquês, um para os pais da Priscilla e outro para a minha mãe; eu entreguei para ele, e ele deu uma palavra tão linda no casamento, com as mesmas palavras que ele deu no dia do envio. E só eu e ele sabíamos quais foram as palavras. Ele falou para mim naquele dia. Eu chorei o casamento inteiro. A Priscilla com o sorriso travado e eu chorando o tempo todo, mas o que mexeu comigo não foi a cerimônia, foi ter visto ele chegar sem combinar. Eu entendia, eu falei assim: "Já pensou se esse padre vai ao meu casamento e não foi ao casamento de ninguém? Não vai à festa, não vai a nada. Ah, vai criar uma coisa ruim para o lado dele". Eu não esperava. Ele chegou, sozinho, em um golzinho branco que ele tinha.

E até hoje temos essa amizade. Tudo isso traçou esse meu perfil missionário, esse meu jeito missionário, essa minha alma em missão. Não foi fruto de um acontecimento, foi fruto de vários acontecimentos, e que eu vejo que hoje eu sou produto, eu sou resultado de todos esses acontecimentos.

Você deu um passo essencial para a sua expansão ministerial no desenvolvimento dos acampamentos em Presidente Prudente. Esse feito teve a participação do Padre Tuti. Em que circunstância se iniciou a implantação dos acampamentos?

O Padre Tuti chegou à paróquia para ajudar o Padre Aurélio, que já estava velhinho. Tudo começou quando fomos conversar com Dom Agostinho para pedir que ele abençoasse o projeto, que já havia iniciado timidamente. Ele falou duas coisas importantes: "É como disse Gamaliel: se for de Deus, vai acontecer. Se for de Deus, vai para a frente, se não for, vai acabar. E depois é importante que todo projeto da Igreja resulte em vocação. Se esse trabalho com jovem não for um chamado específico de Deus, será mais um movimento que vai passar e não tenho interesse nenhum. Mas, caso seja um projeto vindo da vontade de Deus, vai prosperar e dar muitos frutos para a Igreja". Ele abençoou e nós aproveitamos para conversar também sobre o Padre Aurélio, dizendo que ele estava muito idoso e afirmamos a intenção de cuidar dele, mas que gostaríamos que o Padre Tuti fosse nosso diretor espiritual. Nós precisávamos de um padre jovem, porém o Padre Tuti estava na capela São Roque e cuidando também do asilo, iniciando a caminhada sacerdotal dele. Pedimos ao bispo que o Padre Tuti, recém-ordenado, fosse para nossa paróquia. Então iniciamos. Passados alguns meses, após uma campanha de oração para essa graça acontecer, o Dom Agostinho mandou o Padre Tuti para lá e abraçou todo o projeto que já existia, deu condições, permitiu, estava junto e foi assim que começou todo esse projeto missionário na paróquia Nossa Senhora do Carmo, em Presidente Prudente. Hoje já existem acampamentos espalhados por todo o Brasil e em outros países. Eu não tenho uma ideia dessa dimensão porque, a partir daquela experiência em Petrópolis, tudo cresceu, e eu, professor de Educação Física, com a minha especialização em Dinâmica de Grupo, Recreação e Psicomotricidade infantil, peguei aquele "projetinho" e segui. Na verdade, toda a minha formação acadêmica me ajudou a criar os diversos acampamentos e junto também com a diocese. Criamos tudo: os desafios, as dinâmicas, junto com os jovens de Petrópolis, o casal César e Nanci Melo e o Padre Luiz Melo. Eu costumo dizer que Jesus pega os profissionais e não muda a profissão, ele não muda de profissão, ele transforma a profissão. Ele pegou Pedro e não mudou Pedro, mas disse: "Pedro, doravante será pescador de homens", ou seja: "Vai continuar a ser pescador, Pedro". Na época, eu sentia que Jesus falava para mim: "Você vai continuar dando recreação, meu filho. Vai continuar animando as pessoas, porém, dessa forma". Então, a gente vai experimentando, e Ele vai transformando aquilo que nós somos e não mudando aquilo que fazemos. Ele potencializa de uma forma diferente.

Como é ter uma família missionária a serviço do reino de Deus?

Eu falo que a Pri [como a chamo carinhosamente] foi escolhida para ser minha esposa e não foi escolhida por mim, não, foi escolhida por Deus. Nós nos conhecemos no grupo de oração da Santa Rita. Era dia 25 de setembro, dia do meu aniversário. Um amigo meu entrou com uma loira no grupo de oração, e eu, jovem, carreira solo, lá na frente, os vi entrando. Ela tinha ido apenas aquela noite, pois fazia Fisioterapia na Unesp, e a faculdade estava em greve. Lembro de ter pensado comigo: "Nossa, que mulher linda que esse meu amigo está". Não sabia se era namorada, o que é que era. Entrou. E no final do grupo, fizeram uma fila para me abraçar porque era o meu aniversário. A Pri é super-reservada, não é de fazer "média". Entrou na fila e na hora em que ela me abraçou, eu dei o abraço mais demorado nela. E eu falei comigo: "Eu vou casar com essa mulher". Depois ela me confessou até que sentiu algo muito forte naquele abraço, porém se reservou, pois estava namorando na época. No outro dia, 26, eu estava com "muita saudade" desse amigo e eu fui atrás dele tomar um café da manhã. Na

O mensageiro da felicidade

conversa, eu falei assim: "Amigo, me fala uma coisa. Quem é aquela menina com quem você foi ontem no grupo?". Ele disse: "Ah, ela é da minha cidade, mas tira o cavalinho da chuva, porque ela já tem namorado há mais de dois anos". Eu falei que só queria saber quem era e que o melhor é que ela não era namorada dele. E fomos convivendo, a Pri terminou o namoro, começamos a namorar. Em dois anos e meio, três anos, nos casamos. Então eu falo, respondendo à essa pergunta, que a Pri já entrou em um contexto em que aquilo que eu já fazia era de uma forma muito pequena ainda. E ela mesma diz que foi muito curada, que sempre foi muito ciumenta, possessiva. Tanto que no início ela sofreu muito com o meu jeito, com a minha maneira de ser. Ela era a menina de Assis que estava ali me namorando, e eu que era o centro e todo mundo procurava. Eu abraçava todo mundo, e na época nós levantamos uma juventude da cidade, as meninas mais bonitas; vamos dizer que um pessoal muito diferente começou a frequentar a paróquia, e nesse processo todo a Pri foi muito curada do desapego e dos ciúmes. Penso que ela foi sendo treinada por Deus a me dividir com as pessoas. Nós nos casamos, tivemos filhos e só foi crescendo a minha vida missionária à medida que Deus foi curando o coração dela e dando forças, porque, muitas vezes em que eu estava fora de casa, as crianças ficavam doentes e ela tinha que levá-los para o hospital sozinha. Então, dentro desse contexto todo ela foi sendo muito curada e hoje é meu suporte para que eu possa sair. Hoje, ela própria já tem o trabalho missionário, eu tenho o meu e nós nos consideramos uma família missionária, porque meus filhos me acompanham em muitas coisas, ela me acompanha, nós estamos juntos em muitas situações. **Quando Deus quer, Deus move situações e corações.** Na dimensão humana isso não é fácil. A minha rotina é de uma família comum que, por acaso ou por obra de Deus, tem uma vida missionária. Eu também pago imposto, tenho que pagar plano de saúde, o financiamento da casa, carro, IPVA, IPTU, conta de luz, enfim. É aí que entra o comum. E o comum não é fácil, porém Deus sempre direcionou tudo isso aí na nossa vida. E nós temos uma frase para quando eu saio em missão: "Deus, eu estou indo cuidar dos teus filhos, da tua família, cuida dos meus. Deus, eu estou saindo para cuidar das tuas coisas, cuida das minhas". Mas, para que eu saia para a missão, eu tenho que deixar tudo em ordem, deixar o dinheiro no banco, porque vão cair as contas. Eu não posso sair da minha casa e deixar a minha mulher em dificuldade, sem ir ao salão, sem uma roupa boa, eu tenho que deixar todas as condições favoráveis. Em todos esses anos, Deus tem sido muito fiel em tudo isso aí. E uma frase do Rodrigão me impulsionou a esse novo tempo da minha vida: "Só se ganham vidas, dando a vida. Só se ganham almas, entregando a alma".

O processo para se tornar missionário não é algo tão simples, exige renúncias e dedicação. Como foi na sua vida?

Há pouco tempo eu tomei uma decisão muito séria. A partir de uma identificação pessoal, descobri o meu propósito de vida e deixei a área acadêmica faltando cinco anos para a aposentadoria e mergulhei em um projeto de formação de líderes na empresa Fórmula Treinamentos, da qual eu sou um dos diretores. E até nisso a Pri foi importante. Aliás, foi bonito quando ela me disse que sempre esteve junto comigo em todas as decisões e que continuava junto. "Vamos juntos!", foi essa a frase. A partir de então nós estamos tendo uma vida de oração, para que Deus direcione mais ainda essa nova etapa da nossa vida. Então eu falo que, em todas as dificuldades que eu tenho, eu não consigo sair para uma missão se naquela semana teve uma discussão; se teve alguma coisa com o meu filho para ser resolvida, eu não consigo sair. E eu tenho visto que na hora que eu vou sair para a missão, Deus dá a graça de resolver aquilo, a graça do perdão, a graça do abraço, a graça de eu sair abençoado, de eu deixar os meus filhos com tudo certo. Deus tem sido muito rápido na minha vida, tem agido de semana em semana. E eu falo que a vida de um missionário não se resume em um ano, a vida de um missionário é de semana em semana. Então, essa semana é totalmente diferente da outra, atípica da outra, porque Deus resolve aqui, aí na outra semana tem outras coisas e vamos resolvendo as coisas e planejando outras a cada semana. É por isso que eu tenho experimentado e partilhado isso com todos os missionários, que o nosso ano e que a nossa vida têm passado muito rápido, porque a nossa vida não é de férias em férias: "Ah, quando chegarem as férias de julho, quando chegarem as férias de dezembro, quando eu me casar... Ah, quando eu for para tal lugar...". Nós não conseguimos fazer isso. Estamos cada vez em um lugar, viajando várias partes do país e fora dele, seguindo aquilo que Deus esteja direcionando. Eu converso muito com o Rodrigo Ferreira, que é missionário *full time*, a vida inteira, com o Dunga, que é um consagrado da TV Canção Nova, eu converso muito com o Padre Pedro, que é sacerdote, e com a Irmã Zélia, que é consagrada, que é religiosa. Eu vejo que cada um deles tem muitas coisas em comum, que a semana deles é só para isso. Toda providência deles vem, até então, da missão, e a minha, até então, não vinha. Eu sempre me preparei para o final de semana. A hora que acaba essa missão, na segunda-feira eu falo: "Na semana que vem é tal coisa". Então, eu já tenho que ver o tema, eu tenho que ver a preparação, só que a minha semana é dividida na quarta-feira, que é o meu dia especial de oração, de jejum e de grupo de oração à noite. Há mais de duas décadas eu vivencio o grupo de oração. O grupo não é um peso para mim, é um momento importante, é o dia que eu me abasteço e muita coisa do grupo de oração da quarta-feira, ou dos grupos de oração, eu uso no final de semana, e Deus vai me dando isso, essa graça. Na quarta-feira, eu acordo mais cedo, porque diferentemente dos outros missionários, até então, eu batia ponto às 7h da manhã, trabalhava até às 18h. Na sexta-feira, em todos esses anos, eu tinha um tempo livre para viajar.

O grupo de oração ainda está sob sua liderança. O quão importante e representativo ele é para a sua vida atualmente?

Eu falo que meu dia a dia é de oração, de comunhão, é tudo aquilo que esses missionários, de todo o mundo, têm que fazer. Mas na quarta-feira é o *up*, é o auge da minha semana. É ali que eu me abasteço, é ali que Deus me dá, é algo que tem acontecido muito, ou na quarta-feira ou indo para a missão. Deus me deu essa graça, de uma forma muito especial, porque ele sabe do meu dia a dia e das minhas limitações. Consigo ver o diagnóstico da comunidade. Ou seja, o que as pessoas estão precisando? Deus tem me dado esse carisma sobrenatural, esse remédio para quem precisa.

Astromar Braga

Como foi o seu processo de preparação para se tornar missionário e de que forma você se atualiza para atender às necessidades do reino de Deus?

Tudo começou com o chamado e a minha resposta, o meu "sim". E de maneira prática, sem dúvida, a minha base para chegar a essa condição foi a formação com o Padre Miguel. Com ele, eu peguei o gosto pela leitura e pelo estudo. Eu tenho uma meta anual de no mínimo doze livros. Ouço pregações de outros missionários, além de ler bastante sobre tudo. Gosto de ter essa visão cósmica das coisas. A pluralidade de conhecimento impresso em nós faz toda a diferença na missão que Deus designa, pois podemos falar com todos os públicos e anunciar Jesus para além das paredes da Igreja.

Como você costuma documentar todo esse conhecimento e aprendizado que recebe na vida missionária e nos grupos de oração?

Santo Agostinho fala assim: "Mais vale a mais pálida tinta, do que a mais brilhante memória". Eu gosto muito de tomar nota de tudo que acho relevante para cada ano. Então tenho um caderno para cada um deles. Todo grupo de oração que eu realizo é planejado e escrito. Eu escolho as músicas a serem ministradas para os grupos de oração e a palavra a ser pregada também; nem que seja uma frase central eu anoto. Mesmo na era digital, de gravador, de iPhone, da Apple de Steve Jobs, eu amo escrever à mão, porque às vezes a foto que você tira no celular ou o que você escreve em notas, no computador, fica lá. Mas o caderno eu levo, eu pego a página, eu sei a página que está, eu sei de que cor está grifado no meu caderno. Depois eu posso pegar esses escritos e escrever livros e cumprir mais coisas para a missão de Deus. Eu tenho até cadernos de estudos com o Padre Miguel, cadernos de catequese com ele. Escrever é apaixonante.

Você tem uma vida de muitas viagens e compromissos. Como você concilia tudo isso com a ida às missas e com a comunhão diária com Deus?

Em relação à missa, eu já me cobrei muito mais. Por conta do trabalho, eu não tinha uma vida sacramental, mas me cobrava de forma exagerada, porque eu via os meus amigos na comunhão diária e queria fazer o mesmo. Mas percebi que a minha vida não é tanto no ritual, mas é muito mais no sobrenatural. **A minha relação com Deus é muito constante nas orações diárias que faço, no tipo de orar, na minha forma de espiritualidade. Hoje vejo a minha vida se voltando para os sacramentos e participo das missas semanalmente, em especial às quartas-feiras.** Outro Sacramento importante para mim é o da Reconciliação, da Confissão. Eu tenho uma vida de confissão, de frequentar o confessionário. Essa vida sacramental é fundamental para mim. A Eucaristia sem dúvida é o ápice, ela se torna graça e conteúdo para minhas pregações. É Deus, corpo, alma, sangue, divindade, ali no sacramento. É Jesus vivo e, junto com a minha vida mística de oração, estou constantemente próximo de Deus, e Deus também se faz muito presente para mim a partir do momento em que ouço as pessoas e tomo ciência de suas dúvidas e agonias. Tudo isso, eu transformo em oração.

As tecnologias estão cada vez mais disponíveis às igrejas. O que você pensa sobre o uso delas na missão?

Eu li um livro do Gil Giardelli que tem por título "Você é o que você compartilha", que traz uma reflexão bem interessante sobre o comportamento dos usuários nas redes sociais. Se você quer realmente conhecer alguém, visite a linha do tempo do Facebook dela, e você se espantará com tamanha riqueza de detalhes que lá está, pois as pessoas se revelam sem medo. Os aplicativos cada vez mais instantâneos dão às pessoas a falsa sensação de liberdade e poder, mas muitos não sabem usar. Não estou demonizando a tecnologia, pelo contrário, é uma ótima ferramenta que até me auxilia muito na evangelização. Nós missionários temos que evoluir, eu não posso chegar apenas com a mensagem "Igreja", "bíblica". Eu tenho que aproveitar a linguagem do mundo de hoje e transformá-la, aplicá-la na realidade das pessoas. Até porque os valores não mudaram: respeito, educação, honestidade. Isso não muda, o que muda é a forma de você ensinar. Assim também é a Palavra. Jesus Cristo é o mesmo ontem, hoje e sempre. O que muda é a forma de anunciá-lo. Até porque as pessoas não querem mais a teoria, o mundo quer prática. Com as redes sociais, as pessoas olham a tua vida, e a vida do missionário em si já é uma evangelização. Deve ser o

5º Evangelho para além de Mateus, Marcos, Lucas e João. **Se nós hoje, cristãos, usarmos as redes sociais para anunciar Jesus, torna-se um meio muito eficaz, porque aonde o missionário não chega, a Palavra de Deus chega.** Com o YouTube, por exemplo, podemos chegar a lugares inesperados, entrando em casas que nem sonhávamos entrar. Sou a favor da tecnologia desde que ela seja usada de forma correta e santa. O reino de Deus merece. Embora as redes sociais e a tecnologia possibilitem que eu fale com várias pessoas ao mesmo tempo, que eu reencontre amigos antigos e faça até *networking*, ela não substitui o contato humano. O termômetro do casal, da família, é o tempo de qualidade que passam juntos. Isso é imutável. Hoje, o mundo sofre de solidão, o mundo sofre de olhar, o mundo tem carência do eterno. Ele se comunica e se relaciona tanto em redes sociais, mas vive sozinho. São milhares de amigos virtuais, mas quais são os seus amigos reais? Quem te deu um abraço hoje? Quem te olhou nos olhos? Quem pode te ouvir? **As pessoas têm tentado preencher aquilo que é eterno com coisas que são passageiras. O mundo tem tentado preencher aquilo que é infinito com coisas que são finitas e cai no vazio existencial. Esse vazio existencial é cheio de depressão, pânico e todas as doenças psicossomáticas. Hoje, o mundo sofre de vazio existencial por falta de Deus, por falta da presença de alguém em sua vida, um amigo, um confidente.**

Você nota que o comportamento imediato das pessoas hoje tem a ver com a instantaneidade das redes sociais e dos aplicativos dos celulares?

As pessoas vão para as igrejas para resolver os seus problemas imediatos, pois se acostumaram com a velocidade das redes. É por isso que hoje muitas igrejas e movimentos que não representam a sã doutrina estão crescendo sem precedentes, pois querem a facilidade do milagre, mas não querem pagar o preço para ter uma vida em Deus e com Deus. Então muitas pessoas vão ao grupo de oração buscando apenas os milagres de Deus e não o Deus dos milagres. E eu tenho que apresentar algo a mais para que entendam que há algo muito maior do que o problema. É muito maior. O Deus que eu tenho que apresentar tem que ser infinitamente maior do que o problema delas. Eu não posso apresentar apenas o Deus que cura, eu tenho que apresentar o Deus que salva. A cura é para este mundo e o que salva é para a eternidade. Então, o missionário tem que apresentar o Deus que salva, que é muito maior do que as dores deste mundo. Tem uma música do Rodrigão Ferreira que fala assim: "Sou um milagre, estou aqui". Eu sou um milagre, mas o estar aqui, permanecer em Deus, é o milagre maior; porque quantas pessoas receberam o milagre e não estão mais aqui, não perseveraram? Em Lucas, capítulo 11, dos dez leprosos que foram curados, apenas um deles voltou para agradecer, e, quando ele voltou, Jesus disse para ele assim: "Você está salvo! Você está curado". Os outros nove foram curados e ele também, só que ele recebeu cura e salvação. Então, nós temos que anunciar, sim, um Deus poderoso, de milagres, que cura. Mas é o Deus que salva. Se nós ficarmos só no Deus dos milagres, avançamos pouco. É por isso que no grupo de oração eu tenho trabalhado com campanhas de cura e libertação. Não é somente um dia, mas uma sequência, um seminário; e aí, sim, ali dentro, trabalho a cura da depressão, a cura das doenças, as doenças afetivas, a cura da autoimagem. Mas em uma sequência. Eu não posso prometer em uma noite porque não é um Deus imediatista; nós é que somos imediatistas. E não há adiantamentos ou atrasos. Deus chega à hora certa e no tempo Dele. Deus criou o tempo, nós inventamos a pressa. Deus criou o tempo, é o Senhor do tempo. Nós inventamos a pressa. Nós vivemos no *cronos*, Deus vive no *kairós*. O tempo de Deus não é o nosso tempo. Para Deus, um dia é um século, nós é que dividimos esse tempo em horas, minutos, meses e anos. Então, nós não podemos apresentar um Deus que apenas cura; é o Deus que salva. Nós devemos apresentar o Deus que salva.

"Eu só confio na promessa, e a promessa é a Palavra de Deus."

Irmã Zélia

O lado materno de Deus

Ela chega sorridente, falante, cumprimenta a todos e traz a sua relíquia para o centro da mesa. Uma oração inicial. Estamos prontos para a entrevista. Zélia Garcia Ribeiro, a Irmã Zélia, é um exemplo de intimidade com o Pai, cuja história merece ser revelada.

Aos mais de 50 anos de idade, Irmã Zélia rodou o país todo para falar da Virgem Maria e testemunhar os milagres que presenciou graças a sua fé. Por onde passa as pessoas desejam tocá-la, formam filas para atendimento e muitos pedidos de oração. Os fiéis querem ouvir sua compreensão do momento em que vivem e pedem sua intercessão para chegar ao coração de Deus.

Repleto de humildade, seu coração começou a bater para o mundo no dia 25 de abril de 1967, na pequena cidade de Phenix, no Paraná, onde se alfabetizou. Depois, a família mudou-se para São José do Rio Claro, no Mato Grosso, a 380 km de Cuiabá, onde Irmã Zélia concluiu o Ensino Médio e aprendeu a gostar de um bom churrasco. Para chegar à escola eram seis quilômetros de caminhada, até ganhar uma bicicleta ao final do Ensino Fundamental I. O presente veio após elogio da diretora pela dedicação e pelo esforço da aluna. Nem esperou o pai chegar do trabalho para aprender a andar de bicicleta. Foram três tombos antes de dominar o veículo. "Os meus outros irmãos foram aprendendo depois, todo mundo aprendeu, mas, com o tempo, já não eram tão corajosos como eu. Eu era muito audaciosa, me lançava muito. Acredito que Deus já estava construindo uma história nisso tudo."

Aos 12 anos, após manifestar ao pai o desejo de deixar a roça, foi para a cidade trabalhar na casa da família Modenês Duarte. Seu amor e dedicação ao servir, sua aptidão e sina pela limpeza foram reconhecidos pela patroa, que a ensinou a tomar chimarrão e a datilografar.

Foram seis anos como empregada doméstica, até conseguir uma vaga em um laboratório de análises clínicas. O vínculo era tão forte com a ex-patroa que aos finais de semana retornava à casa da família e tinha as unhas feitas por ela, que virou sua madrinha e criou intimidade com toda a família de Zélia.

Estudar sempre foi seu desejo, e com apoio dos pais conseguiu entrar na universidade. Sua gana era evidente e a família também vendeu o sítio para se mudar para a cidade, onde está até hoje. Irmã Zélia faz questão de estar perto da família, mesmo nessa vida de missão. "Meus pais deram essa herança para a gente, nos educaram no berço da fé, da religião. Eles foram muito testemunho para nós. No percurso da vida, nunca vi o meu pai e a minha mãe discutirem na nossa frente." As brigas entre os irmãos eram resolvidas com pedido de perdão, abraços e o "eu te amo".

Irmã Zélia aprendeu a fidelidade da oração com os pais. Lembra-se com detalhes do pai prostrado e da mãe com o Terço nas mãos diante de uma cruz ou da santinha da família como primeiro compromisso do dia. O exemplo estimulou as orações da Irmã desde criança. Saía de casa para buscar seu silêncio, olhar para a lua e a estrela mais brilhante do céu na tentativa de se aproximar e conversar com Deus. Dos sete irmãos, Irmã Zélia se considerava diferente, justamente pela religiosidade. Tor-

Perfil

nou-se catequista aos 12 anos de idade. "Eu amava dar aula de catequese, ser catequista para mim era algo especial. Saber que você educou uma pessoa, ensinou os primeiros passos da fé dela, como aconteceu com o Padre Pedro. Para mim, eu cumpri a minha missão. Foi muito bom."

Outra herança dos pais foi o cuidado com a saúde. Irmã Zélia faz exames clínicos preventivos todos os anos e tem um zelo especial pela alimentação. De manhã, coloca na centrífuga para virar suco tudo aquilo que acha importante ingerir durante o dia. "Eu não tenho muito tempo de ficar comendo cada coisa durante o dia; às vezes, não tenho tempo nem de comer direito durante o dia. Então, o que é que eu faço? De uma vez só eu tomo um copo que vai tudo. Eu já resolvo isso de manhã, em jejum eu já tomo o meu suco, seja onde eu estiver. Isso é uma prioridade."

Em terras paranaenses, fez um ano de cursinho e passou no vestibular para o curso de Biologia na Universidade Estadual de Maringá (UEM). Foi morar com a tia e duas primas. Fez três anos do curso e decidiu mudar para Farmácia Bioquímica, motivada pelo trabalho em um laboratório de análises clínicas. Nesse período, conheceu a Renovação Carismática Católica e chegou a faltar em aulas para participar de missas e encontros da igreja. Novamente, no último ano do curso recebeu o chamado para ser religiosa. Primeiro, o chamado veio por meio de um sonho e depois com uma conversa com o fundador da Congregação Copiosa Redenção, Padre Wilton. "Renunciei e fui para a Congregação. Aí foi um choque, aí foi difícil. Foi difícil para a família, foi difícil para mim, foi difícil para todo mundo. Essa foi uma fase dura."

Era coordenadora da intercessão da Diocese de Maringá, do Discipulado da Evangelização 2000 e ministra da Eucaristia. Pouco para uma mulher de tantos carismas. Entrou para a Congregação da Copiosa Redenção aos 30 anos, após a bênção da mãe, que precisou de um período para o entendimento sobre a vocação da filha.

Pregar foi outro chamado no grupo de oração da Renovação Carismática Católica que frequentava. Nunca imaginou ser pregadora da Copiosa Redenção, pois se encontrou muito na adoração, chegando a cogitar a clausura de tão apaixonada que é pelo silêncio. Mas muitos profetizaram: Irmã Zélia seria uma missionária. "E de lá para cá essa vida nunca mais parou, essa vida toda intensa na estrada, intensa dentro do carro, intensa dentro do avião, intensa com o povo."

3

IRMÃ ZÉLIA

Missionária da Congregação Copiosa Redenção
Diocese de Curitiba (PR)

Quando e por que a senhora decidiu ser missionária?

Na verdade, eu decidi por um chamado. Em um momento eu estava indo para a chácara onde eu fazia um retiro de silêncio com o padre Wilton, que é o fundador da Copiosa Redenção; e no momento em que ele começou a falar da missão, o meu coração ardeu com a presença de Deus. Era como se eu escutasse de verdade dentro de mim Deus falando que era isso que escolhera desde toda a eternidade para minha vida. E foi tão forte o chamado que se confirmou também outras vezes, quando eu fui confessar com padres diferentes. **Eu ouvi muito que seria uma missionária que iria chegar do outro lado do mundo, que seria uma profetisa, ungida pelo Senhor. Pessoas que rezavam por mim diziam que me viam anunciando a Palavra de Deus em muitos países, que Deus usaria a minha voz, as minhas atitudes para que a evangelização ultrapassasse o oceano.** Tudo isso foi ficando. Foram muitos anos, Deus trabalhando em momentos de oração, de retiro. E quando eu tive essa experiência com meu fundador de falar da missão de Santo Afonso Maria de Ligório, aquilo calou dentro de mim. Foi como se confirmasse algo que Deus já me preparava havia muitos anos. **Naquela hora foi algo tão ardente dentro de mim, tão forte, que eu não tinha como não entender o que Deus queria que eu fosse.** E no dia em que eu estava entrando na Congre-

Irmã Zélia

gação Copiosa Redenção, teve uma amiga minha que me trouxe um jogo de malas azuis e uma mensagem de Deus para mim. A mensagem falava do sonho de Santa Teresinha de ser missionária, de evangelizar todos os cantos do mundo. E ela me disse assim: "O que Santa Teresinha queria era ser uma missionária de viajar em todos os cantos do mundo; você vai ser a extensão da Santa, mas não de ficar no lugar dela, você vai à ação. O que Santa Teresinha não fez, você vai fazer". Eu chorei bastante, porque vi que ali estava Deus, mostrando de forma clara que eu não precisava ter nenhuma dúvida de que o meu caminho seria um caminho de missão. Desprender-me de tudo aquilo que era uma segurança humana para mim, de um quarto, de uma cama, de um guarda-roupa, de comida, de tudo, para poder fazer com que a Palavra de Deus pudesse chegar ao lugar que Deus quisesse que ela chegasse.

E quando se iniciou sua missão?

Eu acredito que desde que me entendo por gente já tenho um coração missionário, porque, quando era criança, já tinha essa vontade de socorrer uma criança que estava precisando de ajuda, eu já tinha vontade de pegar aquilo que eu gostava para dar para o outro. Eu lembro que a minha mãe tinha uma vizinha que, às vezes, ficava doente, precisava de ajuda para lavar roupa. Eu nem sabia lavar roupa direito, mas eu ia lá, me colocava à disposição, como se fosse gente grande mesmo. **Eu não vejo a missão só como anunciando as coisas de Deus, eu vejo a missão muito além. Para mim, quem pratica o amor, já está em vida de missão constante, porque o amor é o que Deus pregou, o que Jesus pregou. A lei do amor é a maior que existe.** Eu conheço pessoas que fazem as coisas com tanto amor que eu não tenho dúvida de que vai ganhar o céu. **Para mim, a senha para entrar na eternidade é o amor.** Eu não tenho dúvida em relação a isso.

A senhora citou o coração missionário. Poderia nos falar um pouco mais sobre ele?

O coração para mim é o lugar de decisão, onde Deus fala. E eu penso que, a partir do momento que eu fiz a minha Primeira Comunhão, eu nunca mais estaria sozinha neste mundo, que eu tinha um amigo por excelência. Se faltasse alguém dos meus, nunca faltaria a presença daquele que é o tudo da minha vida. Jesus fala com a gente, o nosso coração arde. É diferente a voz de Deus. **Quando eu escuto uma pessoa que veio falar qualquer coisa e ela fala na autoridade de Deus, meu coração arde, queima. É algo que a gente não explica. Palavra de Deus não tem explicação.** Meu coração se tornou uma manjedoura para acolher Cristo. Tornou-se um sacrário vivo, um ostensório, a maior marca da aliança verdadeira. A cada comunhão, eu comungo desse Jesus missionário, que tem sede de anunciar, de falar do amor Dele. É como se eu não desse mais conta de limitar a minha vida em um espaço, em um tempo; e aí por isso que muitas pessoas, às vezes, não entendem a vida de um missionário. A gente tem uma sede inesgotável do Anúncio, da leitura da Palavra. É algo assim que a gente lê e não se cansa de ouvir a voz de Deus. A gente vai à missa e não se cansa de comungar o corpo do Senhor, porque a gente não consegue viver mais sem aquilo. É como o meu corpo, que precisa de comida para eu poder absorver todos os nutrientes. Quando eu comungo a Eucaristia, Jesus, Ele absorve tudo que não presta em mim e eu vou ficando cada vez mais pura e mais santa. E daí Apocalipse 7 explica: quando os anjos dizem "quem são esses vestidos de branco?", e aí Deus fala, dá a resposta para João: "esses são aqueles que alvejaram as suas vestes com o sangue do cordeiro". Cada vez que eu comungo, meu coração vai ficando mais puro, mais limpo, e lembro daquela palavra de Ezequiel 36, que fala: "vou arrancar os vossos corações de pedra e colocar-vos um coração novo, coração de carne, coração sensível". O meu sangue precisa pulsar conforme a vontade de Deus. Eu sempre uso a palavra do Padre Léo, que dizia assim: "O único órgão que a gente sente o barulho é o coração. E quando a gente está mais tenso, nervoso, irritado, o coração bate ainda com maior intensidade. Para mim, a revelação que eu tive de Deus é que cada batida do meu coração é um grito de Deus: 'Eu te amo, eu te amo, eu te amo'. **Deus fala 24 horas conosco: 'eu te amo'. E quando a gente fica nervoso, irritado, acelera ainda mais, é Deus gritando mais rápido, 'eu te amo, eu te amo, eu te amo'".** Essa fala do Padre Léo, eu entendo assim: que meu coração, quanto mais eu estou aflita, mais eu ponho a mão assim para escutar, para sentir que eu tenho um Deus que está falando comigo o tempo inteiro. "Eu te amo, eu te amo, eu te amo". E aí a gente vai se embriagando desse amor. Não tem como não tocar no coração e não sentir que tem alguém especial dentro dele.

É uma saudade constante da Eucaristia?

Saudade de Deus. E eu sinto que chega a doer o coração. Teve épocas em que eu não conseguia, por causa da missão, ir à missa todos os dias. Por isso que eu falo que o amor dói. Eu tenho até uma pregação com o tema "Saudades de Deus", porque é uma saudade imensa. Saudade de Deus, uma saudade do céu, saudade do meu lugar. Muitas vezes, se eu não comungar Jesus, vou dormir com aquela dor no coração.

Vamos falar um pouquinho da missão. Há formações específicas para ser missionário?

Eu creio que tudo o que a gente ama e faz com amor, a gente quer se aperfeiçoar. A minha primeira parte formativa foi o sacrário, a Palavra de Deus, lendo sozinha livros de santos, buscando a mim e a Deus. Quem me formou de verdade foi o sacrário, foi a Eucaristia, foram as missas que eu ia, os retiros... A segunda parte eu procurei buscar em um curso de Teologia. Eu quis saber mais da Palavra, eu fui pra escola como aluna ouvinte, porque eu não tinha como me dedicar às provas, e para mim não era mais importante o certificado, era o conhecimento mesmo. Eu vi como uma necessidade, porque não podia ficar só com a minha primeira parte, meu coração já tinha sede de fazer mais coisas. Tudo isso com seminaristas que hoje são padres, inclusive, o Padre Pedro. Eu estudei junto com ele, que foi um grande motivador para mim. Aí, depois, quando eu terminei Teologia, que eu resolvi muito na questão do lado espiritual, formação com a Palavra de Deus, eu vi a necessidade também de ter uma formação conforme a doutrina da ciência, porque eu acho que eu lido com muitas pessoas que nem sempre têm um problema espiritual, e daí essa pessoa pode ter um problema de esquizofrenia, um problema psicológico, um problema mental. A própria missão foi exigindo que eu buscasse mais coisas, além do que eu já sabia. Aí fui fazer o meu primeiro curso de pós-graduação, que foi de aconselhamento. É um curso com vários professores que pregam na linha psicológica, na linha da saúde, na linha da fé. É padre, é família, são casais. Foi para mim um presente do céu. Foi um curso que eu agradeço a Deus a cada amanhecer, porque, muito mais do que ajudar as pessoas, Ele me ajudou a administrar minha própria vida. Eu já fiz também um curso de Direção Espiritual, que abrange todas as áreas. E cursei ainda uma outra pós-graduação, de Logoterapia, que é uma linha de Viktor Frankl, defensor da ideia de que você consegue transcender uma dor e enxergar o que ela vai produzir. Eu gosto de estudar, porque é a hora em que eu paro, eu descanso também um pouco da missão. Vejo que não posso parar de jeito nenhum. Vai surgindo um curso, eu termino um e já fico atenta ao outro curso, porque eu gosto de descobrir, sabe? Eu penso que a descoberta, o meu esforço, é uma riqueza que eu posso doar para aqueles que vão chegando no caminho da missão, e isso é muito bom, porque hoje eu atendo psicólogos, padres, muitos leigos, famílias, adolescentes, mas por causa do meu aperfeiçoamento em buscar aquilo que eu sei que vai dar um norte na minha vida. Porque eu não posso sair por aí falando o que eu penso, o que eu acho. Eu tenho que estar baseada naquilo que outros estudaram, que passaram tantos anos sofrendo para deixar alguma coisa para gente; então eu tenho que tomar posse dessa herança que foi deixada para nós.

É claro que a gente entende a missão a partir do amor. Mas nós temos que pensar também nessa questão mais humana mesmo, que as pessoas têm problemas diversos.

Tenho situações em que eu não disse uma Palavra de Deus, eu apenas entrei na casa dela, fui visitá-la no momento certo. Eu tenho o testemunho de uma família que a mãe estava com câncer maligno, fase terminal, e eu fui fazer uma visita. Saí, andei mil quilômetros, fiz essa visita, passou uma semana e essa mãe morreu. Só que veja o que ficou: o conforto. Eu não fui lá para falar de Deus, fui lá para fazer uma visita. Só a minha presença. Não levei religião, não levei nada. O que ficou foi: "Nossa, a Irmã saiu do Paraná!", e sentiram o amor de Deus sem eu falar do amor de Deus. Aquilo marcou, e no dia em que ela morreu, estavam tão confortados que hoje é uma família engajada na Igreja, como se tivessem um desejo de render gratidão a Deus sem cessar pelo bem que Deus fez para eles. **O ouvir já é um caminho de cura profundo. Quando a** pessoa fala, ela se escuta. Quando ela ouve, ela consegue dar resposta para ela mesma sem nós termos que dizer. Ela consegue se descobrir. E isso é uma verdade. Já houve vezes de eu ouvir uma pessoa dentro de um avião, e nunca ter visto essa pessoa na vida, um empresário, uma pessoa toda chique, e a minha presença deu uma abertura para ela falar dela e, quando falou dela, começou a chorar sozinha. Chorou muito. Quando terminou aquela viagem, ela não sabia como agradecer pelo bem que eu tinha feito na vida dela, e eu não falei nada, só ouvi. Houve outra pessoa que me procurou, porque estava com um desespero profundo. Ela falou duas horas seguidas e eu senti que eu não devia cortar, porque naquele dia eu tinha que usar da caridade só de escutar. Quando eu terminei de ouvi-la, ela pegou na minha mão, me deu um abraço e disse assim: "Irmã, muito obrigada por tudo que a senhora me falou hoje".

Irmã, antes de sair em missão, a senhora faz alguma preparação?

A minha vida é uma preparação. Eu acho muito perigoso uma pessoa que vai pregar e achar que já sabe tudo e não precisa mais de preparação. Além da minha preparação de adoração, de Rosário diário, que isso é uma coisa que eu tenho que fazer mesmo, eu, por exemplo, quando vou para uma missão, eu tenho mania de escrever, porque o meu jeito mais fácil de gravar é escrevendo; então, se eu vou pregar uma palavra no final de semana, eu escrevo toda aquela pregação. Dá certo, nem sempre funciona. Chega lá e às vezes Deus conduz por outro caminho... Mas pelo menos fiz a minha parte, aquilo que Deus me pediu: ir lá, escrever e me preparar. Dei tudo que eu podia dar de mim. Leio livros relacionados ao tema. Eu também consulto pessoas que já trabalharam o mesmo tema e que já tiveram uma unção do Espírito Santo. Eu não gosto de trabalhar sozinha, gosto de trabalhar em unidade. Às vezes, o tema é livre, aí eu fico atenta. Eu entro, fico atenta à música, por onde que vai levando aquela música ou aquela condução de oração, e às vezes em uma música eu tiro a palavra inteira dali, do que Deus quer falar para aquele povo. É assim que funciona.

Como é a relação do missionário com a família?

Na verdade, a minha família é espiritual hoje: a minha congregação, eu tenho uma comunidade. Minha família de sangue já entendeu que eu tenho que viver essa vida mesmo. Minha mãe já foi em várias missões comigo. Ama de paixão. Meu pai, minhas irmãs também, meus sobrinhos amam ir comigo.

Sua mãe tinha resistido no começo?

Minha mãe já foi para a Bahia comigo. Disse que nunca andaria de avião, pois já andou várias vezes. É cansativo visitar as famílias. Eu falo: "Mãe, fica aí". "Não, quero ir com você". Ela ama de paixão ir visitar as famílias. A família, nessa parte, já é uma coisa resolvida. Congregação no começo foi muito difícil. Vinham os pedidos, vinha que eu tinha que estar mais na rua; eu ficava pouco com a minha comunidade, e isso entrou em um caminho de conflito muito grande, porque eu queria ficar com a minha comunidade e Deus me mandava para a rua. Aí eu convidava as Irmãs para irem comigo, as Irmãs quase nem sempre podiam ir ou não gostavam muito desse caminho de não fazer todas as orações certinhas todos os dias, porque tira as nossas estruturas, tira completamente o nosso ritmo de oração nos horários; comida nos horários, não é todo mundo, verdadeiramente, que aguenta esse ritmo. Mas daí eu comecei a pedir para a madre: "Manda a Irmã comigo". Foi uma conquista de anos. Hoje eu digo que as Irmãs estão comigo na missão, não viajo mais sozinha, graças a Deus! Hoje falta espaço no carro para tanta gente querendo ir para a missão. É jovem, são casais, são Irmãs da Copiosa Redenção, é o Ministério da Misericórdia, é padre. Todo mundo quer ir comigo para a missão. Falta espaço hoje, mas também foi um caminho de conquista. Eu tive que ir conquistando, devagar, com paciência, que tinha que ter uma comunidade em missão na estrada, que eu precisava para mim de Irmãs do meu lado que pudessem celebrar comigo as vitórias e os desafios, os momentos difíceis. Não foi uma coisa assim do dia para a noite, e aí fui conquistando o coração de cada uma delas, o coração da madre, do padre Wilton, e foi nascendo essa comunidade de missão.

Irmã Zélia

As senhoras estão sempre juntas na estrada?

Sempre na estrada, nós fazemos nossas orações dentro do carro. Uma vez um padre disse assim: "Irmã Zélia, Deus me fez ter um sonho com você essa noite. O teu carro vai ser tua capela, vai ser tua casa, vai ser tudo que você possa imaginar. Eu vi no meu sonho, você tinha tudo nesse carro". E aí eu vejo hoje, uns anos depois, que é bem isso mesmo. Dentro daquele carro tem tudo, tem frutas, tem comida, tem água-benta, tem livros, tem a livraria inteira lá dentro. Tem coberta, tem travesseiro, tem tudo naquele carro. Hoje o carro é a casa da missão, é a capela da missão, onde nós rezamos muito juntas.

Como é sua rotina diária de relação íntima com Deus?

Aí o caminho é muito mais difícil. Quando eu estou na minha casa, eu digo: "Minha casa é meu pedaço de céu". Lá eu faço tudo dentro daquilo que eu preciso fazer com muito mais facilidade. Eu almoço na hora certa, faço minha adoração de manhã, vou à missa também quando possível de manhã, começo meu dia com a missa. As *laudes*, as vésperas, tudo nós acabamos fazendo junto com as Irmãs. Bem, quando eu não estou dentro da casa, aí muda bastante o ritmo. Quase sempre ou eu tenho que fazer tudo isso antes de sair para algum canto de missão ou no final do dia, que é uma coisa que eu não gosto, mas eu tenho que ser fiel. Tudo aquilo que eu poderia ter feito no percurso do dia inteiro, eu tenho que fazer, eu não consigo sobreviver sem vida de oração pessoal. A missa durante a missão eu vou todo dia, eu arrumo uma igreja. Adoração não conseguimos fazer por causa de centenas de dificuldades, mas quando eu tenho a oportunidade na missão de adorar Jesus, eu vou para adorar Jesus. Também por nosso carisma pelo menos uma vez por semana nós precisamos ir fazer o trabalho mais simples, por exemplo, cozinhar ou limpar uma casa. Quando eu estou na missão, eu cozinho na casa onde eu estou, faço comida, eu dou um jeito, eu crio um ambiente e vou para a cozinha. Para essas coisas hoje nós já criamos assim um caminho; as Irmãs que viajam comigo já criaram também esse caminho. A oração não ficamos sem fazer; muitas vezes não consigo fazer as *laudes*, mas consigo fazer a hora média. Hoje eu já tenho tudo no meu celular para ficar bem mais fácil, porque, para ir de um caminho para o outro, nos momentos de espera eu já aproveito o tempo, já adianto. Eu tenho que aproveitar o tempo ao máximo. No meio da semana eu já preparei o que eu vou fazer no final de semana; então nessa parte eu já estou livre. **É assim que caminha a vida de um missionário, ele tem que aproveitar o tempo.** Estou no avião, vou esperar, amo ficar no aeroporto, porque daí eu coloco em dia todas as minhas leituras da Bíblia, do livro, de ler assim um livro inteiro às vezes no aeroporto, de resumir por causa desse planejamento espiritual que faço todo ano. **Aeroporto, esperar, cancelar voo, isso para mim não causa estresse nenhum. É uma beleza, porque daí eu estou ali, às vezes, fica dentro do avião, atrasa meia hora, o povo fica nervoso. Eu aproveito. Levo sempre meu caderno comigo e vou escrevendo, já monto as minhas pregações ali.** Eu aproveito o tempo o máximo que eu posso, porque eu sei que talvez no dia seguinte eu não vá ter aquele tempo. Vai surgir talvez um atendimento no hospital, vai surgir um padre que quer que eu faça uma pregação que talvez não estivesse dentro do meu calendário. Eu preciso aproveitar o tempo, administrar o meu tempo de uma forma que ele renda.

Nessa relação íntima que a senhora tem com Deus, a senhora faz muita referência que Ele fala sempre contigo. Para quem é leigo, por exemplo, isso soa muito forte. Que contato que é esse?

Eu escuto a voz de Deus nitidamente. Primeiro na missa, quando eu fico muito atenta às homílias. Quero saber o que Deus vai falar comigo hoje nesta missa através do padre. Às vezes, uma palavra é o suficiente para eu entender o recado ali de Deus. Um outro jeito que Deus fala muito comigo é quando eu vou para a adoração diante do sacrário. Alguma coisa dentro de mim fica tão clara como esse sol que está iluminando as nossas vidas agora. **A forma que Deus fala quando eu estou assim é como se eu tivesse que sair daqui agora e ir lá na tua casa. Dá uma inquietude dentro de mim que eu tenho que ir ou então eu tenho que pegar o telefone agora e ligar para essa pessoa.** E daí, de que forma que eu sei que verdadeiramente Deus falou comigo? Quando eu faço e vejo o resultado. Por exemplo, eu não tenho condições de gravar todos os aniversários da face da Terra, porque é muita gente que me conhece e todo mundo naquele dia quer ser lembrado. Estou falando para o Espírito Santo dar um jeito de me lembrar. Eu pego, naquela hora vem no meu coração, eu lembro de ligar para fulano, mas nitidamente: "Liga para fulano", e eu tenho que pegar e ligar. E quando eu ligo, aquela pessoa começa a chorar. "Como que você sabia que hoje é meu aniversário?". Eu digo assim: "Olha, foi Deus quem falou, porque eu não sabia que hoje é teu aniversário". "Maior presente da minha vida é receber uma ligação tua no dia de hoje." Então, pelos frutos se conhece a árvore, pelas respostas que eu vou tendo daquilo que eu vou escutando, eu vou enxergando que Deus e o Espírito Santo vão falando de verdade comigo. Outro jeito que Deus fala muito comigo é através do Santo Rosário, porque o Rosário é Palavra de Deus. Aliás, **qualquer Palavra que eu abrir aqui é Deus falando comigo.** Eu não tenho dúvida de que Deus acabou de falar comigo através dessa leitura que eu fiz. É uma lógica isso, 100% Deus falando comigo. O Rosário para mim é a Palavra de Deus que ilumina o nosso passo como o Salmo 118, que diz que a Palavra ilumina os nossos passos. Quando eu escuto a voz de Deus através do Rosário, é assim. Esses dias mesmo eu estava indo para Presidente Prudente, eu estava no meio do caminho e havia perdido os meus óculos. Eu falei: "Esqueci meus óculos em casa". Vim a estrada inteira sem óculos, passei na minha oftalmologista, ela passou até uma lente de contato para eu enxergar um pouco. Mas não é possível, as Irmãs olharam tudo, reviraram em casa e não estava, e eu uso toda hora. Aí eu pensei: "Já sei, eu já sei como que eu vou escutar. Eu vou rezar um Terço e Deus vai falar comigo onde estão os óculos". Eu digo assim, uma intuição tão divina, uma comoção tão forte, que é como se eu enxergasse naquela hora o lugar que estavam os óculos. Naquela hora que eu rezei a metade do Terço. Eu carrego uma fronha, tinha uma fronha cor de rosa que eu coloco um monte de roupa dentro dela. Deus falou: "Está no meio dessas roupas os teus óculos". Aí eu falei para as meninas dentro do carro: "Deus falou que meus óculos estão aí dentro, se estiver mesmo, verdadeiramente eu posso dizer para vocês que Deus falou comigo através desse Terço". As meninas falaram assim: "Não é possível". Aí não achamos a fronha, ela estava embaixo com um monte de peso em cima. Chegamos à casa da minha mãe, eu tirei todos os pesos, porque fica aquilo dentro da gente martelando. Daí tirei, e quando eu abro, dentro da fronha, no meio das roupas estavam meus óculos. Acontece assim, não é uma vez ou outra, acontece com muita frequência de perder chave, não saber onde está. Então esse é um jeito que Deus fala comigo; eu digo sempre, a Palavra de Deus é a luz. Deus diz no Salmo 118 que ela ilumina os nossos passos, e, se ilumina, eu vou rezar o meu Rosário ou o meu Terço, que é a palavra do Evangelho proclamada, e eu creio que nessa meditação, como o Papa João Paulo II diz que o Rosário é um resumo do Evangelho, eu creio que Ele vai iluminar onde está essa coisa, ou o que eu devo fazer no dia de hoje, ou que eu devo ir fazer tais coisas. Eu rezo o meu Terço ou o meu Rosário e eu tenho clareza. Para mim, a Palavra de Deus, a Eucaristia que é a missa, quando não deixa de ser proclamada a Palavra de Deus, a Adoração, são os meus pontos mais altos de escuta. Também tem outra via, o jejum. Escuto muito Deus no dia em que eu faço jejum. Fica muito claro muita coisa que eu preciso entender de Deus que às vezes está meio na escuridão; por exemplo, que oração que eu vou fazer para desenrolar essa dívida na vida da pessoa, e aí vem a clareza, que oração que eu devo fazer. Ou, às vezes, uma pessoa aparece com aquela oração e me dá; eu entendo que ali é Deus me dando a oração que eu devo fazer para aquela casa.

Irmã, e como é lidar com isso? Essa voz constante de Deus, esses momentos, assim, em que as pessoas se emocionam só de ouvir a senhora?

Bem, eu lembro um dia, quando dentro da Congregação, logo depois que eu saí do noviciado e me tornei Irmã, fiz meus primeiros votos, eu estava de férias na casa dos meus pais e a madre ligou para mim e disse assim: "A partir de hoje você vai ser superiora desta casa coletiva, a casa que todo mundo queria ser superiora. Você vai ser superiora desta casa", e eu me enchi de alegria. Quem não fica, né? Porque é um reconhecimento da Congregação por mim. Meu pai me levou no quarto, fechou a porta, e eu pensei: "Nossa, será que meu pai não vai celebrar esse momento comigo?". Olhou bem nos meus olhos e ele disse assim: "Filha, você possui uma riqueza e, se você perder ela, você perdeu tudo na tua vida, que é a simplicidade. Nunca deixe que um cargo tire de você a simplicidade do ser". E aquilo, eu vi assim, era Deus já me preparando para que eu pudesse crescer na simplicidade, para que eu pudesse fazer o processo de uma forma de tanta oração, de tanta vigilância, e, se meu pai estava falando aquilo para mim, era o próprio Deus. Eu estava tão feliz com aquele cargo, mas aquele cargo era apenas um cargo que eu não podia deixar que o orgulho, a vaidade e a arrogância tomassem conta. Isso até hoje. **Eu procuro lutar sempre me colocando e pedindo muito para o Espírito Santo que, se algo vier na minha vida para tirar, roubar o espaço de Deus, que Deus tire tudo que eu não quero.** Que Deus pode tirar ministério, pode tirar pregação, pode tirar, porque hoje meu intuito maior é Deus. Tanto é que até o ano passado eu era superiora de uma casa, e esse ano não sou superiora e continuo do mesmo jeito, como eu era com as minhas Irmãs, com a convivência, e de tanto que isso foi trabalhado no percurso dos anos da minha vida. Se hoje Deus me dá a graça de ser Copiosa Redenção, de levar o nome desta Congregação na mídia, eu vou ser, mas amanhã, se tiver outra para fazer melhor do que eu, vou ceder meu espaço, porque eu vou entender que meu tempo se cumpriu neste mundo, que agora eu preciso que outros venham dar continuidade nesse cargo. Eu procuro muito trabalhar nos retiros, deixar as Irmãs fazerem aquilo que eu faço para que não cresça exatamente isso. **A Copiosa Redenção tem que ser conhecida. Que a Copiosa Redenção seja conhecida até os confins do mundo, mas que eu desapareça para que Cristo apareça.** Essa é minha oração de todos os dias, eu peço muito para o Espírito Santo, quando eu comungo, para que o Espírito Santo me dê a graça de ser pequena, e se tal coisa vai tirar mesmo a minha identidade naquilo que eu sou, que Ele me dê um sofrimento logo em seguida. De alguma forma Deus arranca do meu coração a vaidade e muitas vezes pela dor, porque daí a dor é tão intensa que eu não lembro daquilo que Deus fez de extraordinário. **A minha escola muito forte é Santa Teresinha. Ela viveu essa pequenez da alma, porque eu tenho os dons, mas não são meus.** Quem que me deu? A única coisa que eu tenho é o pecado, porque o resto... Até a vontade de rezar. Quem que me deu vontade de rezar? Essa é a graça que vem do Espírito Santo, vem de Deus. Quer dizer, os meus dons não são meus, são de Deus. Eu não posso usar daquilo que não é meu, Deus me confiou para eu administrar e de forma bem nobre para que o nome Dele fosse exaltado, fosse engrandecido. Eu não posso deixar que isso venha roubar um espaço que nem é meu, por isso eu tenho muito cuidado, eu vigio muito, e graças a Deus eu escuto muito a madre, que é meu ponto mais alto, o padre, o fundador; eu escuto muito deles: "Irmã Zélia, muito obrigado por você levar a Congregação, muito obrigado porque nós viajamos, nós escutamos: 'Quando a Irmã Zélia passou aqui, ela deixou uma coisa em nós: amar a Congregação'". Tanto é que qualquer Irmã que vai a uma casa que eu fui, ela é acolhida do mesmo jeito que eu sou, porque eu não admito chegar a um lugar e ver uma separação. "A Irmã Zélia vai ser acolhida assim e as Irmãs dela de outro jeito". Não! Todo mundo vai ser acolhido do mesmo jeito. Se der um presente para a irmã Zélia, tem que dar um presente para elas, porque nós somos uma comunidade e ninguém vai fazer mais do que ninguém; na verdade nós estamos aqui representando uma Congregação. Estão todas as Irmãs rezando por nós. É bonito assim. Eu estou conseguindo passar um pouquinho daquilo que Deus está me ensinando, que é um caminho de pequenez e simplicidade, porque, se eu ganhar hoje, todo mundo tem que ganhar junto, porque um trabalho para acontecer tem uma união de forças, não faço as coisas sozinha. E nós temos que ter também a capacidade da simplicidade de fazer o caminho contrário, pois é a fé da pessoa, eu não posso agredir. Assim como eu tenho a fé no meu fundador, eu creio que, quando ele toca em mim, eu sou curada. Quantas vezes eu fui lá, mas não tem que ser só as mãos do padre Wilton. Eu consigo compreender porque eu faço muitas vezes isso também de estar perto de um padre tão santo e sentir Deus através daquele padre. Eu não posso julgar a fé das pessoas. Nós olhamos hoje para o Papa Francisco, quem não gostaria de tocar no Papa Francisco, de chegar perto dele? São coisas que nós temos que começar também a administrar e ver a fé da pessoa. Não posso também xingá-la, mandá-la embora... Eu tenho que acolher, é o jeito dela. Se ela pede para eu escrever na Bíblia, eu vou lá com amor, com caridade. É claro, eu não vou assinar, eu não costumo, mas eu escrevo uma frase da Bíblia ou uma frase de um livro de um santo, onde ela possa fazer memória daquilo e falar: "Nossa, Deus falou comigo através disso". Nós vamos nos retirando do centro e vamos pondo aquele que é o autor da vida; mas isso é dia a dia, nós temos que ir administrando isso cada dia, cada minuto.

Irmã Zélia

A vida de um missionário é muito mais cheia de tribulações?

Eu creio que é, porque eu aprendi que, se nós não tivermos um caminho de muita cruz, nós não temos páscoa para a vida das pessoas, porque eu preciso ter ofertório para colocar no altar. Nós vivemos muito o sofrimento muitas vezes da ausência de Deus, de consolo. O missionário tem muita gente perto dele e ao mesmo tempo ele é um ser sozinho, não tem ninguém por ele. Ele se doa demais e muitas vezes não tem quem se doa por ele. Eu vejo que nós temos que ter muitas noites escuras mesmo, porque, olhando a vida dos profetas de Deus, eles viveram isso. O próprio Jesus foi o maior missionário do mundo, nunca ficou sem o caminho da cruz, nem os discípulos. Eu olho assim para os missionários da Bíblia, Pedro, Paulo, que foram os grandes missionários da Palavra de Deus, a forma que eles morreram... Meu fundador ensina para mim: "Filha, se não tiver cruz, se não tiver calúnia, se não tiver incompreensão, se não tiver julgamento, você pode sair desse caminho porque ele está errado. O caminho da vida de missão é sinalizado pela cruz todo dia. Todo dia tem desafio, todo dia tem treinamento, caso contrário, fica uma missão infértil". Eu falo para você que tem momentos, assim, que nós estamos na missão e falta dinheiro para nós comermos uma comida na estrada e nós temos que ofertar, como um sacrifício de muitas vezes ir a uma cidade pregar, a pessoa não dar o dinheiro para o combustível e nós termos que ser firmes e não abandonar aquela cidade, aquele povo, porque o amor da missão tem que ser maior que qualquer ajuda material; então a nossa vida é sinalizada por cruz o tempo inteiro. Sono, muitas vezes Deus faz nós passarmos uma noite inteira sem dormir, e você tem sono... Muitas vigílias, muitas noites acordada, muito tempo às vezes viajando para chegar a outro canto. Deus nos desestabiliza totalmente, e nós nunca sabemos, são muitas incertezas, nós nunca sabemos o que vai acontecer daqui a pouco.

Nós podemos chamar isso de provações?

Pode chamar de provação, pode chamar. É próprio de Deus provar do fogo, provar da obediência. Às vezes, nós vamos a uma cidade, o bispo nos chama, fica duas horas falando conosco, e nós falamos: "Olha, nós viemos da Renovação Carismática Católica", e o bispo diz: "Eu não quero que use nenhum dom aqui, quero que se pregue isso, isso e isso...", e você tem que entrar na linha da obediência. É muito árduo o caminho da missão, é muito árduo, e Deus faz assim. Tem dia que nós vamos a uma casa e somos tratados como rainhas, a melhor cama do mundo, e tem dia que nós vamos para uma missão que às vezes nós não temos nada. Naquela casa eles não têm, assim, a perspicácia de entender que você precisa comer, que você chegou cansada. Já teve vezes de eu viajar dois mil quilômetros de carro, chegar ao lugar e a pessoa me colocar para dormir e não dar nada para comer.

Irmã, e como é hoje em dia a necessidade das pessoas? Geralmente, elas a procuram em busca de quê?

Eu acredito que hoje é tudo. Todas as coisas que você possa imaginar. Desde pessoas muito ricas que têm tudo do material, mas que não têm paz interior, que não têm esperança na vida, como se acabasse a esperança. Muita depressão, muito câncer, muitas mães que não sabem lidar com os filhos, pais com filhos problemáticos, que são filhos viciados na droga, muitos... Hoje cresceram todos os lados que nós podemos imaginar do ser humano, ele precisa de ajuda. Muita carência afetiva, mesmo tendo às vezes um pai e uma mãe. Nós até falamos que são filhos que têm pai e mãe ausentes. Ausentes de amor. Vivem na mesma casa, mas não têm presença, não têm abraço, não têm beijo, eles buscam isso muito na gente. Uma das coisas que eu percebo nos meus retiros é que a pessoa tem necessidade de abraço, e não é só criança e jovem não. Homens, avós, mães. Já aconteceu de eu dar um abraço em um homem e ele começar a chorar de saudade por nunca ter recebido um abraço do pai dele. É muito forte isso, nós lidamos com situações tão diversificadas que há horas que nós falamos assim: "Meu Deus do céu, não é possível que isso seja capaz de existir". Eu atendi a uma mulher, certa vez, que morreu todo mundo da família dela. Ela disse assim: "Irmã, como a senhora quer que eu entenda o amor de Deus? Se Deus não me deixou ninguém para viver neste mundo, a senhora acha que isso é certo?". Existem coisas que não têm resposta. O que você vai dizer para a pessoa? Coisas que você nem sabe o porquê. A única coisa que eu disse para ela: "Olha, eu quero permanecer com você na dor. Se eu pudesse dar uma resposta para você disso, eu daria, mas não está dentro nem da minha capacidade nem do meu entendimento. Para algumas coisas nós não temos resposta. O que eu posso dizer para você é que eu vou caminhar com você, que eu estou com você, mais nada do que isso".

E resolve?

Resolve, porque daí ela vê que não está sozinha mais. Quando ela vê que alguém pode assumir junto com ela essa dor mais profunda da ausência dos seus entes queridos, o que ela sente? Acolhida. Então está bom! Se ela até aquele momento tinha um pensamento de que estava sozinha e, agora, não se sente mais sozinha, ela adquire forças, combustível para ir para nossa casa, para começar a ir para um retiro, para fazer amizades e, de repente, ela já se vê uma outra pessoa. Isso acontece muito. É uma procura muito grande, mas eu fico muito feliz quando eu consigo atender, porque, se eu pudesse não pregar, ficar em uma salinha atendendo, para mim é uma riqueza. **Eu já vi muitos milagres acontecerem só através dos meus atendimentos; ao escutar a história de alguém, é quando também nós crescemos, que nós vemos que a nossa dor é tão pequena diante da dor daquele povo, dos outros.**

Irmã, muitos problemas, muitas dores que chegam até você, vêm a partir da morte. Como a senhora entende a ressurreição e a vida após a morte?

É verdade, porque é um mistério, né? A morte é um mistério. Tem coisa que não tem explicação mesmo, mas eu vejo que algumas coisas que nós passamos na vida, nós passamos até mesmo para nós podermos ler na vida dos outros de forma diferente. Eu passei por uma situação assim na minha casa; meu sobrinho de três anos e oito meses caiu na piscina e veio a falecer, e aquela morte me ensinou muito, porque uma coisa é você falar para uma mãe, para um pai, confortá-los com as tuas palavras que Deus vai dar a força necessária; outra coisa é você adentrar na profundidade dessa dor, porque você já fez o caminho, você sabe muito bem o que significa ver uma criança de três anos e oito meses cair em uma piscina, em questão de minutos, aquela criança sorrindo para você, brincando, e aquela criança estar morta, e você sendo de Deus, de oração, e você não teve, como diz, uma resposta. Foi rezado? Foi. Todos os dias nós rezamos, rezamos. Todo dia nós colocamos diante de Deus, não faltou oração, não faltou nada. Depois que houve aquele momento da morte, eu voltei para minha casa, e nasceu diariamente uma luta dentro de mim que foi um ensinamento também. Era como se dia e noite eu me condenasse por aquilo; nasceu um sentimento de culpa. Se eu não tivesse pegado a minha irmã, a convidado para ir até lá, meu sobrinho estaria vivo. Ele não teria caído naquela piscina, pois ela não estava ciente de que teria piscina naquele final de semana. Começou a nascer um sentimento de culpa tão forte dentro de mim, de que eu era a culpada daquilo, que eu comecei a viver dias horríveis na minha vida, porque eu não conseguia tirar isso. Era como se eu dormisse, viesse aquilo, acordasse, viesse aquilo. O tempo inteiro aquilo dentro de mim ecoava: "Você é a culpada". Eu creio que hoje em muitas mortes vêm sentimento de culpa na vida das pessoas. Culpa por não ter, talvez, amado direito, por não ter estado presente na vida daquela pessoa, culpa porque podia ter feito um caminho diferente. Naquele momento eu vi que eu precisava de oração. Pedi a um afilhado meu que rezasse por mim, sem eu falar nada para ele; eu só pedi para rezar porque havia uma dor muito grande dentro de mim. Não contei para ninguém, fiquei com aquilo para mim e naquela oração — eu acredito muito em uma oração de imposição de mãos, muito mesmo —, e aquele meu afilhado rezando por mim, na hora Deus revelou para ele: "Existe um sentimento de culpa dentro de você, Irmã Zélia, e esta é a brecha que o demônio está te atacando dia e noite para roubar tua paz". E naquela hora Deus me curou, porque eu não tinha culpa. Deus quis levar o Luan Felipe e ponto final. Não se questiona uma morte. Nunca mais aquele sentimento voltou a fazer parte da minha vida, nunca mais, e, pelo contrário, eu até comecei a ver que para nós, que somos católicos, a morte é como um nascimento; eu consegui entender assim. Uma criança, quando está no útero da mãe, ela tem que nascer, tem que sair do seu espaço, tem que vir ao mundo. Com certeza não é fácil, mas, depois que ela vem ao mundo, quão não é a

Irmã Zélia

alegria de todo mundo que a acolhe. A morte para mim é isso. A pessoa tem que sair de um espaço um pouco maior para um espaço infinito. Então ela não deixa de existir; na verdade, sai desse espaço para entrar no espaço original dela, que é o espaço que todo mundo quer, que é o céu, que é a eternidade. A pessoa que crê, que tem fé que o céu existe, começa a olhar aquilo que quer alcançar. O meu sobrinho com três anos e oito meses alcançou em tão pouco tempo, cumpriu o projeto dele, cumpriu com a missão dele neste mundo. Eu consigo compreender que uma pessoa que perdeu um ente querido é curada na Eucaristia, porque, quanto mais eu vou para a missa, mais eu me encontro com a Igreja do céu, com a Igreja do purgatório, com a Igreja da terra. A missa reúne as três Igrejas: a militante, a padecente e a gloriosa. Por isso que uma pessoa que perdeu um ente querido precisa ir para a missa. Foi o meu caminho, o caminho da minha família de cura interior, porque a missa vai tirando a dor da saudade, aquela angústia, até mesmo decepção com Deus. Essa união com o próprio céu vai nos fazendo enxergar a vida de forma diferente. E o que nós começamos a enxergar? Luan Felipe alcançou o seu tempo, e nós, na verdade, agora que temos que fazer o nosso caminho. Nós já temos certeza que ele está no céu, porque ele morreu sem ter cometido pecado. Agora nós precisamos fazer o nosso caminho também para poder alcançar a eternidade. O que eu tiro da morte do Luan Felipe? Tornou-se um adorador perpétuo do Santíssimo Sacramento, um grande missionário que viaja comigo todas as missões, ele e minha irmã, porque minha irmã canta, eles viajam bastante comigo. Eu vejo hoje que o Luan Felipe é um grande intercessor meu diante de Deus, face a face com Deus. Eu peço muito a intercessão dele, porque sei que é um santo diante de Deus, que me conhece mais do que qualquer outra pessoa. A morte, quando você tem a dimensão de enxergá-la de forma diferente, você passa pelo caminho tranquilamente. E você vai sentir saudade? Vai. O Luan Felipe está vivo e vai chegar um momento que eu vou me encontrar com ele de novo. Brota dentro de mim uma esperança diária de fazer o caminho do bem, de lutar neste mundo. Não entendo os mistérios de Deus? Não entendo, não é para serem entendidos pela razão, mas eu compreendo, pela minha oração, que o consolo de Deus vem pela força da Eucaristia. Deus nos faz tirar de uma morte um bem maior, nos faz enxergar além. Quando a Virgem

O lado materno de Deus

Maria enxergou Jesus morrendo na cruz, ela não se revoltou com Deus, porque ela enxergou já o Dia da Páscoa, já enxergou além. A morte tem que fazer nós enxergarmos com os olhos de Deus, enxergar com os olhos da fé, enxergar além, que aquela pessoa não está morta, mas agora sim ela está viva, ressuscitou com Cristo. Então, eu enxergo a morte desta forma. Depois desta morte do Luan, eu já tive outras experiências de perder pessoas muito próximas de mim e o processo é muito mais fácil, porque enxergar e acompanhar alguém que eu sei que vai direto para o céu é uma coisa que enche o nosso coração de vontade de querer fazer o mesmo. Um dia perguntaram para Santa Teresinha do Menino Jesus: "O que você prefere: viver ou morrer?". Ela disse: "Eu não prefiro nem um nem outro, eu prefiro a vontade de Deus. Se eu estou dentro da vontade de Deus, é aquilo que eu prefiro. Se é da vontade de Deus que eu morra, eu quero morrer. Se for da vontade de Deus que eu viva ainda mais um pouco neste mundo, eu quero viver". A vida não é minha, é de Deus. Meu fundador fala muito para mim assim: "Você vai viajar, vai de avião, então você faça sempre o Ato de Contrição, porque você não sabe qual é o último minuto, se aquele avião vai cair ou não". Quando você reza o Ato de Contrição, não é que você está querendo que o avião caia, mas, se você confessou, entrou no avião e fez uma contrição, se o avião cair, bendito seja o nome do Senhor. Perguntaram um dia para um santo que estava jogando bola: "Mas, se Jesus voltasse agora, o que você faria?". Acho que era São João Maria Vianney. Ele falou assim: "Continuaria jogando bola. Se Jesus voltasse, eu continuaria jogando bola, porque eu estou com o meu coração preparado, livre. Se o Senhor voltar, eu vou ficar feliz, ele vai me encontrar jogando bola". Tem outro testemunho de um rapaz que descobriu um câncer maligno, e o médico deu poucos dias de vida para ele, um mês de vida. Ele chegou em casa, reuniu a família e falou assim: "Eu tenho um mês para viver, então vamos viver bem!". Locou todos os filmes de comédia que ele podia, pôs na TV, via filme dia e noite com a família e tirou a concentração dele do câncer e ria o dia inteiro. O que aconteceu depois? Ele foi curado do câncer e está vivo até hoje. Quando nós enxergamos a vida de forma diferente, nós não temos medo do câncer, não temos medo da morte, porque nós sabemos que, saindo deste mundo, nós vamos encontrar algo muito melhor que este mundo. **Hoje eu tento mostrar isso para as pessoas, que a morte não é o fim, pelo contrário, ela é o começo. Ela é o começo de uma grande história de amor para com Deus.** Eu sei que muitos não sabem lidar com isso de imediato, muitos entram em um caminho de depressão, mas eu sei também que, se eu assumo essa pessoa, se eu rezo por ela, se eu me faço presente na vida dela, muda e muda mesmo, porque, certa vez, uma menina teve um bebezinho, eu acompanhei e foi uma luta, porque essa criança nasceu com um problema bem grave, e o marido dela se revoltou com Deus, ficou totalmente revoltado. "Que Deus é esse que dá um filho e agora a médica diz que tem poucos dias de vida?" E ele entrou em uma revolta tão grande que falou: "Não quero mais saber de Deus, não quero saber mais de Igreja, não quero saber mais de nada". Esse é o campo que as pessoas entram rapidamente. Daí o bebezinho morreu, e no dia eu estava em Curitiba, e eu falei para a Irmã: "Eu vou lá ao velório". Quando eu cheguei ao velório, eu não conseguia sentir tristeza, porque era um anjo, eu vi um anjo diante dos meus olhos, era uma presença de Deus tão forte olhar para aquele bebê tão lindo. Aí eu fui até o pai, que eu sabia que estava revoltado, e só dei um abraço nele. Dei um abraço, daí ele olhou para mim, e eu já sabia que ele ia me questionar: "Irmã, a senhora acha que é justo isso que Deus fez conosco?". Daí eu disse assim: "Olha, você pode ficar um tempo revoltado com Deus o tempo que você quiser; você só não pode permanecer revoltado com Deus". Porque eu acho que ele pensou assim: "A Irmã vai falar para eu não ficar revoltado". Mas não, eu falei que ele tinha o direito de ficar revoltado, de brigar com Deus, porque é filho de Deus, é herdeiro da graça de Deus. Eu disse: "É muito bom que você chore, que você fale para Deus tudo que você quer falar". E nisso eu abri um leque para ele se aproximar mais e conversar. Ele foi vendo que eu o acolhi do jeito que ele estava. Eu não fui lá para cobrar que tinha que voltar para a Igreja. Não! Eu falei que ia ser um período de revolta mesmo, normal.

É normal se decepcionar?

É normal se decepcionar com Deus. Eu falei para ele que Deus é Pai. Filho não se decepciona com pai e pai não se decepciona com filho? E o pai logo depois não enche o filho de mimo, de amor, de carinho? E Deus é o Pai da misericórdia. Olha o pai do filho pródigo... **Deus é esse Deus que quer nos acolher do jeito que nós somos. Se você for para a igreja ou não for, Deus vai continuar te amando do mesmo jeito que te ama, porque o amor de Deus não é limitado, e Deus nos ama com amor eterno.** Daí eu fui falando, conversando com ele, e eu disse assim: "Você é pai. Qual é o sonho de um pai? É ver o filho feliz". Ele falou: "É". Eu falei assim: "Então, o teu filho está feliz. Você tem dúvida que seu filho está sorrindo lá agora diante de Deus? Seu filho nem chegou a comungar de nada deste mundo e já alcançou o céu". Porque foi batizado no hospital e tudo. Eu falei assim: "Imagina, a alegria... Eu queria estar no lugar dele. Estão fazendo festa no céu neste momento". E daí foi tirando aquela angústia do coração dele, foi tirando aquela dor, e eu vi que ele já estava diferente no final. Eu agora me lembrei da palavra de um bispo, que dizia que nós precisamos ir visitar a pessoa depois de um mês que perdeu um ente querido, porque no dia da morte todo mundo está ali, mas um mês depois... Daí deu um mês depois, acho que nem um mês, eu fui lá. Fui na casa deles, com toda minha vida corrida. Qual não foi a alegria daquela família! Uma chuva que Deus mandava... Cheguei um pouco molhada e falei: "Eu vim aqui ficar um pouco com vocês, mesmo que seja um tempo tão curto". Abençoei aquela casa, daí ele olhou para mim e falou assim: "Olha, hoje eu tenho que dizer para a senhora que eu sou uma nova pessoa, já não estou mais revoltado com Deus, que eu entendi que Deus cumpre com o projeto dele, que eu sou um pai abençoado por ter gestado um santo". E eu, porque eu tinha dito isso para ele, falei assim: "Só os mais especiais gestam santo para Deus". Porque essa foi a resposta que Deus me deu um dia que a mulher perguntou: "Deus dá e Deus tira, nem chegou a viver muito conosco, ou às vezes com três meses já permite que se perca a criança?". E Deus falou para mim: "Mesmo eu sendo Deus, eu não posso gestar um santo se não for pelo útero de uma mulher". E aí me veio a palavra de sabedoria que diz que antes que ele se perdesse no mundo, nas trevas, Deus o levou para o céu, para que não viesse a sua alma a se perder. Eu já o vi com esta cabeça, já pensando — até ali ele não queria nem mais saber de ter outro filho —, já pensando cheio de esperança, já com um sorriso nos lábios.

Esse para mim é um dos maiores frutos da minha missão, de coisas que Deus nos leva a fazer, mas que nós vamos deixando as marcas do eterno, dessa esperança, dessa eternidade. Por isso que não tem sentido viver neste mundo se não existe um céu. Se não tem alguém maior do que este mundo, que sentido tem ficar rezando o dia inteiro? Isso quem dá é o tempo e a nossa oração, a nossa presença.

Irmã, ainda nesse caminho de dor, a senhora acha que Deus castiga as pessoas?

Não. Eu creio que castigo não vem de Deus, porque Deus é amor. Às vezes, as pessoas dizem assim: "Irmã, se Deus ama tanto, por que ele permite tanta desgraça na nossa vida?". Eu respondo: "Você já disse a resposta, porque Deus permite. Ele não faz o caminho, quem faz somos nós mesmos". Por exemplo, uma pessoa que sofre um acidente na estrada, vamos olhar para esse acidente. Ela pode ter sido imprudente de não ter consertado, de não fazer a revisão do carro. Ela pode ter sido imprudente de correr demais. Ela pode ter sido imprudente em várias coisas. Foi culpa de Deus que aconteceu aquele acidente? Não é culpa de Deus. Deus não castiga ninguém, isso não é vontade de Deus. Só que Deus é amor, Ele colhe dessa experiência, Deus faz nós colhermos os frutos dessa dor. Deus não deixa perder nada. Eu sempre digo que até o esterco tem a sua finalidade de produzir uma horta maravilhosa, de nos dar as verduras para nossa saúde; nada se perde neste mundo de Deus. Então de uma dor, de um sofrimento, Deus tira a redenção. Claro que se essa dor é ofertada, uma mãe que perde um filho, e o filho foi imprudente, correu demais, bebeu, dirigiu bêbado, se matou e matou outras pessoas, se essa mãe oferta para Jesus esta dor da ausência, de não ter o filho mais com ela, isso vai desembocar em uma Páscoa para ela e até mesmo acredito para aquele filho. A revolta em si arranca de nós a graça de colher os frutos daquilo que Deus permitiu. Nós enxergamos que sofrer por sofrer não resolve nada. Houve duas pessoas diante da cruz com Jesus: o bom ladrão e o outro. Um reconheceu o Senhor em Jesus e pediu perdão, ganhou o céu. Daí nós dizemos que ele roubou o céu no último minuto. Outro sofreu a mesma dor, foi pregado na cruz igual, mas não reconheceu o Senhor em Jesus. Ele não mostra que tem uma eternidade para isso. Sofrer

O lado materno de Deus

por sofrer não nos leva a caminho nenhum. Pessoa que sofre reclamando, brigando com Deus, lamuriando, xingando, dizendo que Deus castigou com aquela doença, isso não é redentor. A pessoa vai passar a vida inteira naquilo ali para pior. Mas uma pessoa que aceita sua vida e oferece para Jesus em cada missa, em cada altar, vai se abrir uma porta melhor e maior. Perdi meu emprego, mas Deus abre uma porta melhor. Sinal que Deus preparou um salário maior. Isso é esperança, é enxergar a vida de forma diferente. Essa mentalidade de um Deus ruim, de um Deus que nos castiga, que nós dizemos assim: "Deus não me ama", é uma mentira, porque Deus ama todos, Ele dá o ar para respirarmos, dá uma casa para morarmos, dá um carro para andarmos, dá para todos os filhos dele uma cama para dormir. Se nós olharmos minuciosamente as coisas que Deus nos dá, nós vamos chegar a uma única conclusão: que Deus é amor, Deus é bondade. Quem faz o caminho muitas vezes errado sou eu, que não me aproprio da bondade de Deus. Por exemplo, a natureza hoje está sofrendo toda essa agressão, mas é culpa de Deus? Não! Culpa nossa, do homem que não cuidou da natureza, que não zelou por aquilo que Deus deu. Deus nos deu um padre para dar Eucaristia, Deus nos deu um padre para nos confessarmos, para absolver o nosso pecado, mas nós não vamos ter, nós não buscamos esses bens espirituais. Isso é culpa de Deus? Não! Sou eu quem não estou fazendo o caminho que Deus deixou na Palavra de Deus. Porque, se eu seguir o que está nos Mandamentos, o que fala na Palavra de Deus, então eu vou ter uma colheita abundante. Deus não castiga. Pelo contrário, Deus perdoa sempre, basta eu recorrer a ele. Deus me ama com tanto amor, mesmo eu fazendo tanta coisa errada. Ele está o tempo inteiro ali, sinalizando que me ama. De um jeito ou de outro, esse Deus está por perto me acariciando e me dando saúde mental, física e psicológica. **O homem sofre, a Palavra de Deus diz que, por falta de conhecimento, o homem se perde por falta de conhecimento. Quando nós não conhecemos** verdadeiramente a Palavra de Deus, nós criamos as nossas doutrinas, nós vamos inventando onda por aí, mas a verdade da Palavra é que tem que sinalizar minha vida, é que tem que dar segmento para minha vida. A verdade da Palavra não é essa, pelo contrário, Deus fala que estará conosco até o fim do mundo, todos os dias, como no Salmo 90: "Aquele que se uniu a mim, eu livrarei, eu libertarei, pois conhece o meu nome". As promessas de Deus estão em todas as páginas da Bíblia. "Eu te amo, eu te aprecio, eu permuto reinos por ti, eu entrego nações em troca de ti, fica tranquilo, eu estou contigo." É um grito de Deus: "Eu te amo, eu cuido de você, eu estou com você, caminho com você". Salmo 138: "Você levanta, eu já estou caminhando com você. Eu te conheço, quando você anda, quando você senta". Se eu não fico atenta a essa verdade, aí eu fico reclamando, brigando, que Deus me castigou. Aí tem gente que diz assim: "Não fui à missa domingo, Deus me castigou no meio da semana". Não! O pecado dela, porque é um pecado grave ela não ter ido à missa, é que provocou, talvez abriu uma brecha para o mal entrar no meio da semana, mas não foi Deus quem castigou, ela buscou com as próprias mãos aquele caminho talvez tortuoso. Eu tenho que olhar para a misericórdia de Deus que é infinita, que é muito maior. Se eu faltei no final de semana, não significa que minha semana inteira vai ser uma tragédia.

Agora, enxergar esse Deus tão bondoso, tão misericordioso, exige fé. E aí uma pergunta simples e ao mesmo tempo complexa. Como que a senhora define essa fé?

É a Palavra de Deus, ela define, em Hebreus, capítulo 11, versículo 1: "A fé é o fundamento daquilo que não se vê". **Eu, irmã Zélia, ainda não vejo o céu fisicamente, só que eu desenvolvo esse céu dentro de mim cada vez que eu recebo Jesus na Eucaristia. Isso vai ficando mais autêntico.** É como se o pai de um filho fizesse uma promessa para ele: "Filho, você estuda que o pai vai pagar uma faculdade para você estudar nos Estados Unidos". Quer dizer, o filho está confiando em uma promessa do pai, só nisso. Ele ainda não vê algo. Eu sempre digo que fé é como uma corrente de luz que corre nos fios: eu vejo a luz aqui, mas eu não vejo a energia passando, e para essa energia passar tem que ter uma união de dois fios, um polo positivo e um polo negativo, que é esta união minha com a Palavra de Deus, com a Eucaristia que gera esta luz. Eu caminho baseada nesta luz, eu ainda não enxergo o que vai acontecer no dia de amanhã, mas eu sei que no dia de amanhã eu preciso estar aqui pregando e eu vou fazer isso como um ato de fé. **Fé é um passo no escuro: eu só confio na promessa e a promessa é a Palavra de Deus.** Tem gente que diz assim: "Irmã, eu faço tudo certinho, entretanto, a minha vida é uma coisa assim que nada dá certo. Enquanto o outro faz tudo errado e na vida dele tudo dá certo". Eu digo sempre, nós pensamos que dá tudo certo. É um pensamento, mas entre na vida dessa pessoa e veja. Ela tem dinheiro, tem carro, tem todas as mordomias do mundo, mas não dorme em paz. Eu conheço pessoas que não têm nada neste mundo, entretanto, dorme a noite inteira, não têm insônia e são cheias de esperança, cheias de vontade de viver, porque creem que na vida delas vão lutar e vão conseguir conquistar aquilo. Muitas vezes Deus nos treina na fé, Deus faz vivermos o momento. Eu lembro muito bem quando Deus pediu para eu comprar o meu primeiro carro, porque eu queria muito comprar um carro para a missão, e eu não via, aliás, só via no meu interior o carro, mas eu não tinha nem dinheiro, nunca tinha comprado um carro na minha vida, mas eu tinha fé na promessa de Deus: "Pedi e recebereis, batei e a porta será aberta". A promessa era minha única segurança. Deus falou para eu pedir: "Eu estou pedindo, Senhor, um carro. O Senhor pediu para eu ser audaciosa, eu quero uma Parati, cor azul, do ano já seguinte. Eu quero um carro novo, zero quilômetro. O Senhor diz que eu sou filha, herdeira da graça. Eu não enxergo com os olhos físicos esse carro, mas com os olhos da fé eu já me vejo andando com esse carro, dirigindo esse carro, um bagageiro grande". E foi com esses olhos da fé que eu fui audaciosa e pedi. O que Deus fez? Deus me deu o carro porque eu firmei meus passos sob a rocha do coração Dele, eu fiz o meu caminho que me competia, eu fui fiel àquilo que Ele me pedia. Eu orei, esperei e Ele proveu, porque Ele é o provedor. Qual não foi minha alegria quando chegou o carro! A fé cresceu um monte. Se Deus verdadeiramente me deu um carro, Deus pode curar uma pessoa com câncer, Deus pode converter um filho que está no mundo das drogas. Deus pode realizar muito mais. Se Ele supriu uma necessidade material que não era uma coisa tão importante, imagina um filho Dele, se Ele vai negar um pedido de uma mãe. Isso cresceu e vai crescendo cada dia mais com as experiências, por isso até do planejamento, porque a pessoa faz a experiência de fazer o seu caminho de metas o ano inteiro, vai rezando cada mês a oração que está ali, vai alcançando os milagres e vai descobrindo

Irmã Zélia

um tesouro dentro dela. O Senhor pode atender. Muitas vezes não do jeito que nós queremos, porque, eu sempre digo, às vezes, nós pedimos de um jeito muito pobre e Deus quer dar de um jeito nobre, rico. Às vezes, nós pedimos uma coisa tão pequenininha, e Deus dá uma coisa tão grande, porque Deus é exagerado sempre, Ele nunca dá coisa pela metade, Ele dá por inteiro. Esta é a riqueza da fé. **Fé cresce também no caminho da cruz, no caminho da ausência de Deus muitas vezes, no deserto.** Continuo caminhando no deserto, não vejo água, mas eu vou alcançar essa água. Eu vou chegar até essa água, mas eu não posso desistir. **O único caminho para eu ter a garantia da salvação é a perseverança. Aquele que perseverar até o fim vai ser salvo. Eu creio nessa verdade! A minha perseverança é que vai me levar a ter uma resposta daquilo que eu preciso.**

Irmã, um último tema que gostaríamos que falasse um pouquinho é sobre Maria e a sua missão.

O Papa João Paulo II disse que existem duas asas para se voar mais rápido para o céu — e eu não tenho dúvida desta verdade: a Eucaristia e a Virgem Maria. São duas asas com as quais eu posso voar mais rápido para o céu, e este foi o caminho de todos os santos, todos. Maria e Eucaristia. E eu, desde muito pequena, eu já ganhei essa herança dos meus pais, em uma cena muito simples da minha mãe que, um dia, saiu do médico com a minha irmãzinha que estava em um grau avançado de doença, estava com uma gripe que chamava "gripe de tosse comprida", que estava atacando todo o pulmão dela, e ela era muito magrinha, muito limitada. Minha mãe saiu triste do médico, porque ele não dera muita esperança para a minha mãe. Eu era criança, mas aquela cena marcou as páginas da minha vida, quando eu vi aquela mulher simples entrar naquela casa e dizer assim: "Eu sei o que vai curar tua filha". Então pegou um cordão de linha, pôs a medalha milagrosa no pescoço da minha irmã e a partir daquele momento minha irmã nunca mais teve aquela doença, não tossiu. Milagrosamente a minha irmã foi curada ali diante dos meus olhos. Eu falei: "Meu Deus, essa mulher é forte e eu quero essa mulher para mim". **Daí eu passava dias cantando a música Mãezinha do Céu. Eu queria ver Nossa Se-**

nhora, custasse o que custasse. Eu falava: "Mãe, eu quero ver a Senhora ainda nesta terra, eu sei que eu vou ver no céu, mas eu preciso enxergar a Senhora aqui na terra". Veio o meu tempo de faculdade, eu fui para Maringá, e chegando lá nós começamos esse caminho com a Renovação Carismática, de muita oração. Até que um dia, dois dos meus afilhados foram a minha casa e disseram assim: "Olha, tem um lugar aqui perto de Maringá, um sítio, que lá, quando o povo começa a rezar o Terço, todo o matinho começa a pegar fogo, e é uma experiência assim única". Eu falei: "Gente, vamos para lá. Eu quero ter essa experiência". Chegamos, era um sítio escuro, com barro, chovendo, porque o norte do Paraná tem muito barro, aquele barro vermelho. Nós entramos no meio daquele barro e começamos a rezar o Rosário pela cidade de Maringá, que estava longe, e rezando pelo povo. E depois de rezar bastante, estava um povo reunido assim no canto, e tinha uma árvore pequena. E quando eu olho para aquela árvore eu falei: "Gente, Nossa Senhora está aqui!". Daí o povo caiu de joelho, no chão e começou a chorar, porque eles estavam vendo, mas ninguém tinha coragem de falar um para o outro. **Nós estávamos em cinco pessoas. Só que naquela hora eu não tive dúvida nenhuma. As coisas de Deus para mim, assim, eu abraço, eu assumo como uma verdade na minha vida, e eu caí de joelhos ali e, enquanto eu chorava, eu pedia para Nossa Senhora tudo que eu queria, porque eu não sabia se eu nunca mais veria ela; então, eu aproveitei e fiz todos os meus pedidos.** Pedi para mim, pedi para minha família, pedi para todo mundo que estava me pedindo, até uma menina que estava tentando passar em Odontologia e não passava, pedi para ela, e foi assim. Acho que cinco minutos Nossa Senhora ficou em cima daquela árvore e todos nós vimos Nossa Senhora, todos nós. Foi a maior experiência que eu pude ter na minha vida da Virgem Maria. Eu saí dali e aquela noite eu não dormi, eu não tinha nenhuma dúvida. Bom, uma das pessoas que viram Nossa Senhora esse dia é o Ricardo, que prega na Canção Nova. Todos, assim, foram conduzidos pela vida de uma forma maravilhosa e nunca mais nós voltamos naquele lugar. Impressionante! Foi uma experiência única. Nós podíamos ter voltado lá: "Se Nossa Senhora apareceu aqui, vamos voltar de novo". Não! Foi só aquele dia. Nós nunca mais tivemos a pretensão de querer voltar naquele lugar, nunca mais. Só que tudo o que eu pedi para Nossa Senhora naquele dia, ela me deu. Tudo. Mas o que ela me deu de maior foi a graça de falar dela, porque daquele dia em diante, sem as pessoas saberem da minha experiência com Nossa Senhora, porque eu nunca conto essa experiência em qualquer lugar que eu vou, começaram a me chamar para pregar sobre a Virgem Maria. Minhas experiências foram crescendo, a minha intimidade com o Rosário foi crescendo, as mil Ave-Marias de oração, e eu fui crescendo na intimidade com Jesus na Eucaristia. Por isso que eu digo sempre que a experiência com Nossa Senhora é essa, ela nos leva até Jesus, nos prepara para nos encontrarmos com o Filho dela na missa. É a coisa mais linda do mundo. É uma mãe que está comigo o tempo inteiro, o tempo todo. A experiência com Nossa Senhora, hoje, se eu fosse contar, daria muitos livros, porque são experiências cada uma mais forte do que a outra. Uma das que marcou muito a minha vida foi a vez que acabou literalmente o combustível do meu carro. Tinha cinco pessoas dentro do carro, não tinha uma gota de combustível e nós tivemos que andar muitos quilômetros até achar um posto e não tinha combustível no posto. O moço olhou para nós e falou assim: "Olha, vocês não conseguem nem ir para trás e nem para frente". Eu entrei naquele carro e disse para o povo: "Nós temos uma arma". Lembrei-me de João, capítulo 2. Nós tínhamos uma mãe que observava tudo naquele dia, ela sabia que eu era muito cautelosa e que eu não gostava que meu tanque ficasse menos da metade, sabia que eu não fizera aquilo de propósito; saíra da missão correndo e não observara o tanque. Mas ao mesmo tempo eu também vi que Nossa Senhora queria que nós vivêssemos aquela experiência. "Como ela esteve aqueles dias nas Bodas de Caná, hoje as Bodas de Caná serão em nosso carro. Nós vamos rezar o Terço, e ela vai colocar combustível até nós chegarmos ao posto". Nós não sabíamos, mas nós tínhamos fé que Deus iria fazer alguma coisa ali. Ele é Deus. Então, qual foi nossa surpresa quando, na primeira dezena que nós rezávamos, nós vimos o ponteiro do combustível subindo, subindo, e ficou verde o sinal, e todo mundo contemplou isso. Andamos muito com aquele combustível, chegamos ao posto e ainda tinha muito combustível. Esse foi um milagre verdadeiramente da

Mãe que cuida. Ela cuida das nossas finanças, cuida de tudo que nós temos. **Nossa Senhora é advogada, é a rainha, é a mãe, por isso que tem a ladainha que não tem fim. Rezar o Rosário para mim hoje é a coisa mais prazerosa. É como se eu ouvisse e enxergasse a alegria do rosto dela. O rosto de Jesus sorrindo. Porque faz memória do momento mais sublime da nossa vida, porque toda nossa história de salvação começou em uma Ave-Maria.** O rumo da história do mundo começou em uma Ave-Maria. Uma Ave-Maria, dizia São Luís Maria Grignion de Montfort, tem poder de exorcizar mais de cem espécies de demônios diferentes. Imagina duzentas Ave-Marias diárias! Quantas coisas que não são limpas da nossa vida, da nossa alma. E rezar a Ave-Maria é proclamar o Evangelho. Rezar o Pai-Nosso é proclamar o Evangelho. Meditar cada dezena é proclamar o Evangelho. Por isso João Paulo II diz: "O Rosário é um resumo do Evangelho". Quanto mais eu rezo o santo Rosário, mais eu adentro nesta mística profunda do sagrado, mais eu quero estar com Jesus. Esse é o papel de Nossa Senhora, sair da frente, porque ela quer que o Cristo apareça. Também o Rosário, a Ave-Maria, resulta em um novo Pentecostes dentro de nós. Rezar o Rosário é dormir bem à noite. Eu não preciso tomar remédio para dormir. **O Rosário acalma, o Rosário tranquiliza. Sempre digo, é a pílula para nos acalmarmos.** A Palavra de Deus se atualiza dentro de mim cada vez que eu proclamo, e quando eu rezo as Ave-Marias repetidamente, eu sempre digo, quem ama nunca se cansa de dizer a mesma coisa, porque o amor, ele renova sempre. Falar de Maria, para mim, eu teria muito o que falar, porque tudo que eu vou fazer, como diz Madre Teresa de Calcutá, nunca começo nada se eu não começar o meu dia com um Terço. **Tudo que eu começo com um Terço, eu tenho um final feliz. Ela abre os caminhos, quebra as correntes, rompe os espinhos e minha vida fica muito mais saborosa.** Quando eu rezo o Rosário, eu tenho uma vida gozosa, luminosa, dolorosa e gloriosa. Rezar o Rosário é ter uma vida muito mais gozosa, muito mais luminosa e muito mais gloriosa. Terei uma pequena via do sofrimento, porque Maria, que é a Mãe, vem e acolhe. Ela nos faz viver muito mais alegrias, muito mais gozo espiritual do que a redenção, a ressurreição e o sofrimento em si. É uma maravilha a oração do santo Rosário. Nós temos que rezar mesmo a oração que ela pedir em todos os santuários da face da Terra. É impossível pisar em um santuário de Nossa Senhora e sair do mesmo jeito. Todo ano eu faço uma viagem mariana e todo ano eu volto uma nova pessoa. Entrar lá em Lourdes, naquela água gelada, e sair seca, queimando, aquilo é um mistério da fé. Tomar um copo d'água dali e ser curado de um câncer, como aconteceu com um padre amigo meu. Banhar-se naquela água, até mesmo um paralítico, e sair andando, é um mistério da fé. A única coisa que hoje eu quero é chegar ao céu para ver aquele rosto de novo. Em outra ocasião, eu entrei na casa de uma família, e a mãe me pôs para dormir no quarto do filho dela, porque queria que eu rezasse naquele quarto, e ela sabe que eu rezo meu Terço em cada casa que eu entro. Eu entrei e falei: "Olha, mãe, a senhora aqui é muito mais mãe e santa do que eu. Assume esse filho, cuida dele", e naquela noite eu dormi no colo de Nossa Senhora, porque eu durmo rezando meu Terço e eu tenho certeza de que eu durmo no colo da Virgem Maria. E eu acordei naquela madrugada por volta das cinco horas com uma luz em cima de mim e eu vi Nossa Senhora dando um beijo no meu rosto. Eu não consegui mais dormir. Foi tão lindo enxergar o rosto de Nossa Senhora, saber que ela entrou naquele quarto e me deu um beijo. Eu fiquei uma semana sem querer lavar o rosto, porque eu sabia que Nossa Senhora tinha me dado um beijo, e eu sempre digo que eu quero fazer de tudo para entrar no céu para ganhar aquele beijo de novo, porque só quem ganha um beijo de Nossa Senhora, quem enxerga o rosto dela, pela fé, quer entrar no céu para ver de novo aquele rosto e experimentar aquele beijo. Não tem preço. Minha história com Nossa Senhora é muito longa, porque nós criamos uma mística união muito profunda. Não tenho dúvida de que muitas das mulheres que eu rezo que querem engravidar, eu rezo uma Ave-Maria, um *Magnificat*, rezo uma Salve-Rainha, e as mulheres ficam grávidas. Ficam grávidas de gêmeos, de trigêmeos, porque esta é a bondade infinita de Deus. A oração tem a sua autoridade por si própria. Para que inventar oração se a oração já está aí? Esta oração da Ave-Maria é um exorcismo, eu faço um exorcismo na vida da pessoa, na minha vida. É a oração que eu rezo e eu vejo milagres. Já rezei uma Ave-Maria para pessoas com câncer e foram curadas, porque uma Ave-Maria não é uma oração qualquer, é uma oração do tamanho do céu, porque ela me deu o Salvador, ela mudou o rumo da minha história. Eu fico toda feliz quando alguém fala: "Olha, Irmã, hoje eu vou rezar uma Ave-Maria pela tua viagem". Eu sei que aquela Ave-Maria tem calor infinito, imensurável, não tem preço.

"O dia de ontem não existe mais e o amanhã não existe ainda. Só posso trabalhar no hoje."

Dunga

O guerreiro contra o pecado

Se precisar voltar para a fazenda onde nasceu, na zona rural de Pindamonhangaba (SP), e trabalhar novamente como torneiro mecânico, Dunga vai feliz da vida. Mesmo sendo um artista consagrado, com 12 CDs e 3 DVDs gravados até 2018, composições consagradas, astro de TV, escritor e com agenda de shows e palestras lotada, ele sabe que este mundo não é o dele, mas sim fruto de circunstâncias que têm um nome: Jesus Cristo. E aí, sim, desse fator ele não abre mão.

"No final da noite, a hora que acabou tudo e que conversei com Deus, é uma alegria muito grande. Eu experimento uma alegria fantástica, muito grande, porque no final de uma missão você vai se recordando dos rostos em que você viu a transformação. A transformação está no rosto da pessoa. O dia que eu perder essa alegria, eu volto a ser torneiro mecânico", diz ele com um olhar fixo e uma sinceridade que é difícil de ser desmontada.

Consagrado na Comunidade Canção Nova desde a década de 1990, Dunga é Francisco José dos Santos, que nasceu no Vale do Paraíba, interior de São Paulo, filho de Francisco dos Santos e Maria Benedita de Lima Santos. "Até os sete anos de idade eu morei em uma fazenda, onde o banheiro era aquela privadinha no fundo." Ele conta que "o papel higiênico era um jornal cortadinho pela minha mãe; a água era da cacimba; o ovo, da galinha que estava no quintal; o porco estava no quintal; o banho era de bacia; a geladeira era uma lata de banha; o fogão era à lenha; o colchão era de capim. Na pobreza da minha infância, existia muita riqueza e muita nobreza".

E nisto ele ressalta que, apesar de toda dificuldade, todos sempre estavam juntos em qualquer situação, e por isso é que ele talvez preze muito a família que tem: a esposa Neia, os três filhos Felipe, Priscila e

Ana Carolina, a nora Cecília, e as netas Helena e Teresa. "São a minha base, estou com eles sempre que posso. Quando estou em casa, eu faço café, levo os garotos para a escola, faço aquilo que todo marido deve fazer. Não tem essa de ser alguém famoso", explica.

Dunga é torneiro mecânico. "Fiz diversos cursos, que me levaram a trabalhar na mesma fábrica em que meu pai, minha irmã e minha mãe trabalharam. Eu amo este ofício e ficaria muito feliz se tivesse que exercê-lo novamente." De fato, o rapaz era bom mesmo e foi conseguindo subir na vida, conquistando cargos e criando uma vida promissora com a recém-criada família. Em meio a isso, Dunga já havia passado por um momento de conversão pessoal e começou a agir como missionário em âmbito mais regional, em grupos de oração e principalmente ligado à música, uma de suas grandes paixões desde que a irmã lhe deu de presente um álbum dos Beatles. Dunga, aliás, é intérprete e compositor cunhado nos anos de 1980, uma época de grande profusão cultural, impulsionada ainda mais pelo processo de redemocratização do Brasil, e talvez isso explique muito o grande sucesso que faz.

Mas já corria o ano de 1991 quando a vida reservou para ele uma grande virada. Por conta de uma amizade de infância, Dunga frequentava aos finais de semana a recém-formada Comunidade Canção Nova e, entre idas e vindas, recebeu do Monsenhor Jonas Abib o convite para ser membro e passar a morar com a família dentro da comunidade. "Foi uma decisão muito difícil, porque tínhamos toda uma vida estruturada, mas ao mesmo tempo já era o que nosso coração queria havia muito tempo. Não demoramos a decidir e hoje somos parte da comunidade", explica.

A Canção Nova, para além de proporcionar a Dunga a possibilidade de ser missionário em tempo integral, trouxe também a segurança de poder crescer em sabedoria. "A formação da Canção Nova é constante, desde os documentos da Igreja, os próprios documentos da Canção Nova, o contato diário com a Bíblia e a própria vida missionária nos levam a aprender muita coisa. Para além disso, ainda é necessário que nós tenhamos uma noção importante de história, da própria História da Salvação, para poder atingir o coração das pessoas."

Nesta caminhada, o que mais chama a atenção de Dunga é a maturidade e a compaixão com o próximo. "Precisamos entender o contexto da pessoa que está ouvindo, precisamos fazer releituras da própria vida. Você se torna automaticamente uma pessoa mais paciente, mais misericordiosa, amplia a visão, entende que o processo do ser humano é completamente diferente nesses vários estágios da vida e nas várias condições que a vida nos proporciona."

A capacitação na fé, nos documentos da Igreja e na compaixão humana fazem de Dunga um missionário muito antenado. Ele é midiático sim e sabe de sua fama, mas ele se alegra muito mais com coisas simples, como a antiga profissão e, principalmente, com os pequenos milagres que acompanha todos os dias. "A motivação que eu tenho para ir a todos os lugares aonde vou é poder ver milagres. Isso também me coloca no meu devido lugar", explica o filho da dona Dita e do seu Chico Nogueira, que há mais de 25 anos apertou a mão do Monsenhor Jonas Abib e aceitou uma missão que procura sustentar dia após dia.

4

DUNGA

Comunidade Canção Nova
Cachoeira Paulista (SP)

Quando sentiu que havia em você um perfil missionário?

Eu comecei a sentir os primeiros sinais de uma vida missionária depois da minha conversão mesmo, ainda muito jovem. Hoje eu tenho mais de 50 anos, mas com 18 anos eu comecei a minha caminhada na Igreja. É como se eu tivesse feito novas descobertas a partir da minha conversão. Esse meu lado fraterno foi aguçado primeiramente, e eu descobri um novo amor, que seria o amor verdadeiro pelos novos amigos da Igreja e pela própria família. Nasceu em mim a vontade de viver com a comunidade, de participar mais da vida das pessoas, de ser mais útil para a minha própria família, das amizades boas que eu tinha até então, em uma vida pregressa à conversão. E nasceu em mim, por fim, a vontade de dizer ao mundo esse novo sentimento que habitava meu coração.

Você nem tinha noção do que era essa vida ou do que se tratavam esses sentimentos?

Nada. E é claro que eu até me afastava de qualquer situação que fugisse do meu círculo vicioso. Até então, minhas amizades eram no futebol, na fábrica em que eu trabalhava ou mesmo em uma vida errada no pecado.

A questão é que isso não oferece muita consistência. As expectativas e sonhos não se realizam, muito diferente do que senti posteriormente.

Você teve muito apoio neste momento de "virada de jogo"?

Eu contei nessa época com o auxílio de pessoas experientes, que já estavam pregando, ali na minha cidade, que já estavam evangelizando em nível nacional e que começaram a me levar junto para fazer as primeiras experiências. Eu me recordo de pessoas como **Pedro Batista**, que hoje já está no céu, e Kaka Martins, que eram pregadores experientes da Renovação Carismática Católica ali do Vale do Paraíba. Eles viram em mim um grande potencial e me levavam para ser o animador do encontro que iriam dar. Então, primeiramente, eu era uma pessoa que ia animar o encontro, ia cantar, ia ministrar a música, e isso logo nos dois, três primeiros meses da minha conversão; foi tudo muito rápido. Tudo aguçava minha vontade: a primeira experiência de sair em missão para conhecer novas comunidades, paróquias e cidades, ficar hospedado em casas de família, andar um dia todo de carro para chegar a um ambiente, rezar muito dentro do carro até chegar a esses lugares. Ali com 18 para 19 anos eu já comecei a perceber que, talvez, fosse um estilo de vida, porque eu estava trabalhando em uma fábrica, formado em 34 cursos técnicos de Mecânica do Senai (Serviço Nacional de Aprendizagem Industrial).

A sua conversão se deu em meio a esse ambiente de trabalho?

Eu já estava trabalhando em uma **fábrica**, onde meu pai trabalhou 35 anos, minha mãe trabalhou 30 anos, minha irmã 28, e eu 12 ao todo. A minha conversão aconteceu quase bem no meio desses 12 anos e foi muito bacana, porque eu conheci Deus dentro de uma realidade profissional, porque eu também amava muito a minha profissão. Dos 12 anos nessa fábrica, seis ou sete anos fiquei convivendo com esse novo processo de vida, dando encontros aos finais de semana e trabalhando no meio da semana, de segunda a sexta, amando a minha profissão, e ainda caminhando para uma futura decisão, ou seja, um rompimento com a vida profissional na Mecânica para uma possibilidade de vida missionária.

A Canção Nova surge neste período em sua caminhada?

O processo começou em 1984. Uma grande amiga minha, que participou muito do meu processo de conversão, que já estava fazendo um caminho vocacional importante, foi morar lá, na comunidade Canção Nova. A Elenice de Godoi, mais conhecida como Nice, hoje é missionária em nossa casa na cidade de Nazaré, em Israel. Então, quando ela foi para lá [Canção Nova], eu acabei a visitando todos os finais de semana e como nessa época eu tinha uma condição financeira muito boa por ser supervisor de manutenção mecânica de uma fábrica grande, com dois carros, uma moto, salário muito alto, então eu era como um benfeitor, um pequeno benfeitor da comunidade Canção Nova. Então, foi assim... um namoro, um namoro não apenas com a Canção Nova, mas com aquele novo estilo de vida que poderia acontecer futuramente. Comecei a pensar na possibilidade de ser missionário, mas ainda trabalhando e amando muito o que eu fazia. Em 1985, eu comecei a namorar, aliás, voltei a namorar a minha primeira namorada, que foi a Neia, hoje minha esposa, então eu dei um tempo no sonho de missão. Em 1987, a gente se casou, e no sexto mês [de casamento] ela engravidou do Filipe, que nasceu em 1988. Até 1991, eu fui um missionário municipal, uma atividade muito grande dentro da minha cidade; grupo de jovem, grupo de oração na terça-feira e de jovem no sábado, encontros de retiros praticamente em todos os finais de semana. Ainda trabalhava na fábrica, com todas as responsabilidades próprias de uma fábrica, de um cargo de confiança, e também atuando na Renovação e dando os encontros pelo Vale do Paraíba, pelo sul de Minas, pelo norte do Paraná, e me realizando plenamente nessas duas coisas: amava a minha profissão e amava o novo que estava surgindo ali diante de mim.

Como foi o convite do Padre Jonas Abib, da Canção Nova?

Era dia 1º de maio e eu estava em Lorena, na Canção Nova, ajudando em um retiro, e fomos tomar café. Padre Jonas estava na mesa e um dos presentes falou em tom de brincadeira que eu deveria me mudar para a comunidade, porque já vivia por lá mesmo. E eu disse que não tinha ido ainda porque ninguém havia me convidado. Padre Jonas ouviu essa conversa e disse: "Então hoje, no dia 1º de maio, no dia do trabalhador, no dia de São José Operário, eu estou te convidando. Vem para cá!". E como que em uma conversa de negócios, praticamente, eu disse para ele: "Eu venho! Eu venho sim!". Para ir mesmo eu precisava de quatro meses, que era o tempo para organizar minha vida. Mas também precisava conversar com a minha esposa. Cheguei em casa e disse: "Aconteceu uma coisa aí que eu tenho que falar para você. O Padre Jonas chamou a gente para morar na comunidade". E ela disse: "O que é que você respondeu?". "Eu disse que nós vamos daqui a quatro meses". E ela se virou, continuou a mexer o arroz no fogão, e eu perguntei a ela: "Você não vai dizer nada?". Ela disse: "Aonde você for, eu vou". E foi essa a resposta. Ali a gente decidiu a nossa vida. Larguei o emprego de doze anos, um salário equivalente a uns R$ 15 mil hoje, dois carros na garagem, uma moto grande, e foi aí um processo muito interessante, porque tem loucuras ou decisões que você tem época para tê-las, e talvez eu não fizesse isso hoje, mas naquela época foi uma inspiração muito grande. Eu me desfiz dos meus bens, eu recebi a minha indenização, apurei tudo isso em dinheiro, dei para os meus pais e disse para eles: "Isso dá para viver 15 anos"; e fomos, eu e a Neia, o Filipe e um carro, para a Canção Nova. Um caminhão foi buscar as nossas coisas, nossos móveis, nossas roupas, e então mudamos para a Canção Nova. Lá, tinha um apartamento onde nós íamos morar em um quarto desse apartamento, junto com mais duas meninas solteiras em cada quarto. Então, morávamos eu, a Neia, o Filipe e mais duas meninas em um apartamento. E foi esse o nosso início. Um desprendimento muito grande: em um mês eu tinha um salário de R$ 15 mil, no outro mês eu não tinha salário; um mês eu tinha plano de saúde, no outro mês eu não tinha plano de saúde. A Canção Nova não era nem de longe o que ela é hoje. Era uma comunidade que plantava para comer e sobrevivia de doações; não tinha uma estrutura empresarial como se tem hoje e foi, realmente, uma atitude muito corajosa da nossa parte, e também uma moção muito grande do Espírito, porque eu volto a dizer: eu não faria isso hoje. Hoje, com a estrutura familiar que eu tenho, com três filhos e tudo mais, e com mais de 50 anos de idade, não daria para dar um passo como esse, mas tudo tem a sua hora e naquela hora era possível. Fizemos isso, e assim começou a nossa vida missionária.

Você teve uma formação específica para ser missionário?

A formação da Canção Nova era uma formação constante, desde os documentos da Igreja, os próprios documentos da Canção Nova, o contato diário com a Bíblia e a própria vida missionária nos leva a aprender muita coisa; as situações que nós enfrentamos no dia a dia nos força a conhecer aquilo que estamos fazendo, desde um conhecimento espiritual da Palavra de Deus até mesmo a aplicação dessa palavra na vida de pessoas. No meu caso, no momento em que você entra para a Canção Nova, você começa a ser formado, por isso existem em todos os lugares da Canção Nova, em todas as casas, três figuras, que são: o coordenador da missão, o formador da missão e o caixinha da missão. E, mesmo nós, que somos casados, temos o nosso grupo de casal, em que temos o formador e o coordenador. Então, a nossa formação é constante, nenhum membro da comunidade Canção Nova deixa esse processo. Estamos em constante aprendizado, adquirindo conhecimento e, volto a dizer: a própria vida missionária, as viagens dentro e fora do país, as peregrinações, os períodos fortes de retiro que nós fazemos que duram às vezes 10 dias, tudo isso faz parte de um processo contínuo de capacitação.

Como você organiza sua agenda de missionário?

Quando vai acabando o ano que nós estamos, tipo outubro ou novembro, nós começamos a fazer uma agenda para o ano seguinte, de tal forma que, quando termina o ano, nós temos já a partir de 1º de janeiro até dia 31 de dezembro do ano seguinte tudo programado. Nós temos uma agenda que nós fechamos com a antecedência de um ano. Claro que aí nós temos folgas, nós temos férias, nós temos um ou outro final de semana que deixamos em aberto para alguma possibilidade que a gente desconheça, mas 70% da agenda é fechada em outubro de cada ano. E quando entra o dia 1º de janeiro, nós só vamos cumprir as nossas atividades. É claro que dentro dessa realidade, ela não é engessada, você também tem o direito de cumprir determinados eventos ou compromissos que também queira participar: "Olha, para mim me interessa, eu gostaria muito de participar desse e desse outro evento...". Então, existe uma flexibilidade. Mas 70% do meu ano seguinte já é definido no ano em que eu estou vivendo. Então, é uma coisa muito bem organizada, porque, depois que você marca um evento, por exemplo, dentro de um estádio de futebol — 50 mil pessoas, 60 mil pessoas, na época do Maracanã eram 150 mil pessoas —, você não pode, três, quatro, cinco meses antes, pegar o telefone e falar: "Não vou mais". Então, uma vez o compromisso assumido, provavelmente a gente só não comparece se não estivermos vivos, do contrário, mesmo doente, mesmo com família, com membro da comunidade ou da sua família doente, você é praticamente obrigado a cumprir, porque muita coisa foi movimentada, dependendo do encontro; às vezes, é um encontro internacional, dentro de um estádio de futebol... Por exemplo, participei de um grande encontro como pregador no estádio olímpico em Roma; é uma coisa assim, de uma magnitude muito grande. Você não pode ligar e dizer que você não vai mais, porque o seu rosto já foi divulgado na Europa toda, na mídia internacional. Então, é uma realidade: "Aquele que põe a mão no arado e olha para trás, esse não está apto a me seguir"; então, a gente aplica essa passagem dentro dessa realidade. Uma vez marcado, tem que comparecer.

E nesta agenda cheia, há uma curiosidade em saber como fica a relação do missionário com a família.

A relação do missionário com a família é como se fossem duas coisas paralelas. São paralelas, porém, caminham juntas. Desde a necessidade material da minha família, porque, embora Deus nos dê a condição do provimento, quem tem que pagar as contas de minha casa sou eu. A responsabilidade de administrar o meu próprio lar e de conciliar a vida missionária com a vida familiar é minha. É uma relação muito tênue, está sempre no limite. Nós estamos sempre recalculando essa rota, mesmo quando você faz uma agenda com um ano de antecedência e vão se aproximando determinados eventos, e muitas vezes seu filho está doente, sua esposa está doente, você está doente; então, existem adequações, mas não existem cancelamentos. Nós precisamos estar com isso muito vivo dentro de nós, de mim, da minha esposa, dos meus filhos, e eles nasceram praticamente nessa condição, estão acostumados já a não ter o pai no dia do aniversário, no dia da formatura, no dia em que às vezes eles não estão bem dispostos, estão doentes; então isso faz parte da nossa vida. O filho de um missionário sabe que, para ele realizar o sonho dele, ele também tem que aprender a rezar para que Deus providencie na vida do pai dele, para que o pai dele possa providenciar na vida dele. É todo um aprendizado, tanto do pai, da mãe, como dos filhos. Nós vamos nos adaptando e nos readaptando a essa vida, que é meio mutante. Hoje, a minha vida é completamente diferente de quando eu entrei com 27 anos e com um filho de 3 anos de idade. Então, eu me vejo como se fosse um homem cumprindo o trato que um jovem fez. Um jovem há mais de 20 anos apertou a mão do fundador e disse: "Eu vou daqui a quatro meses". Mas não é fácil porque a gente decora as respostas, mas a vida sempre troca as perguntas.

Você sente diferença de quando começou na vida de missão para atualmente, depois de transcorridos todos estes anos?

Como nós sempre estamos fazendo, falando, teoricamente, sobre a inspiração do Espírito Santo e a gente procura, realmente, cumprir com o nosso compromisso, independentemente do tamanho dele e se ele é virtual, se ele é presencial, se ele está em uma televisão, um computador ou no rádio, ou *in loco*, nós sempre estamos falando de coisas que mexem muito com o coração das pessoas; então isso muda também, porque você vai amadurecendo, você vai experimentando perdas, você vai experimentando quedas e você vai compreendendo melhor essa dinâmica na vida das pessoas. Então, aquilo que eu pregava havia dez anos, hoje eu prego com um grau de maturidade muito maior, porque a minha visão de vida é muito maior. Então, a radicalidade nunca pode caminhar para a semântica do "ismo", para o radicalismo, para o exagero. Precisamos ser radicais, mas entender o contexto da pessoa que está ouvindo, porque nem sempre a pregação aqui vai ser a mesma ali. Então, se eu for pregar, por exemplo, em uma realidade para brasileiros que imigraram, que foram embora do país, que estão vivendo no Japão, estão vivendo nos Estados Unidos, com a mesma radicalidade que eu prego aqui, eu estaria criando uma crise de consciência, porque eles vão ter conflitos pessoais muito intensos, estão vivendo ilegais em um país, muitas vezes em relacionamentos que ainda não foram definidos, firmados nos sacramentos; então, se você for com o mesmo discurso que você tem aqui no Brasil, você cria um drama na vida da pessoa e você não ajuda, você só atrapalha. É fundamental fazer releituras, releituras da própria vida, para se tornar mais paciente, misericordioso, ampliar a visão. É muito nítido para mim que o ser humano é completamente diferente nesses vários estágios da vida e nas várias condições que a vida nos proporciona. Daí a diferença de um missionário mais experiente como eu. Toda palavra tem um significado, mas o significado pode mudar dependendo da frase onde ela se encontra; a frase pode mudar dependendo do texto, e o texto, dentro de um contexto. Quando nós atingimos uma maturidade espiritual, fazemos a leitura do contexto antes de pregar a Palavra de Deus. Essa mudança existe, aconteceu em mim e hoje eu posso dizer que eu tenho muito mais segurança em pregar do que 20 anos atrás. Eu tenho essa visão de contexto. Por isso, o resultado da pregação é muito maior, a sua paciência em relação a ver os frutos, os efeitos, os resultados, ela é muito diferente. Nós deixamos de ser imediatistas e passamos a ser misericordiosos, pacientes e, com isso, a sua pregação e a sua evangelização passam a ser melhores, com muito mais qualidade. Você entende o que Jesus diz para as pessoas e não interpreta da sua maneira, que na maior parte das vezes é um modo um pouco afobado.

Justamente a necessidade de preparar bem todas as vezes que sair para uma pregação, mesmo com a experiência no bolso...

Cada um tem um jeito de se preparar. Algumas pessoas são mais didáticas, outras pessoas têm mais segurança quando escrevem discurso, outras pessoas gostam de receber o tema, não gostam de receber "o tema é livre", algumas gostam de ser conduzidas. O meu estilo de pregação é diferente. Gosto de chegar no lugar, fazer a leitura do ambiente, olhar nos olhos das pessoas, ver as faixas etárias presentes naquele lugar. É claro que todo retiro tem um tema, todo seminário tem um tema, e como nós temos um contato muito bacana com a Palavra, estamos preparados para qualquer assunto. Não poderia ser diferente. Assim como eu sou formado em Mecânica com 34 cursos do Senai, eu tinha que saber o que era uma tangente de 35° para poder aplicar uma fórmula. Isso é ter domínio da profissão para poder executá-la. E hoje a minha profissão é comunicar Deus, e eu tenho que entender de Bíblia, eu tenho que entender de história judaica, de Velho Testamento, e por aí vai. Eu já estive por mais de 30 vezes em Israel estudando, eu já percorri quase 50 países estudando, peregrinando, aprendendo. Então, o conhecimento existe, você precisa em uma fração de minutos fazer a aplicação no ambiente onde você se encontra. É um ambiente onde a maior parte é jovem? É um ambiente onde a maior parte é adulto? Ou onde a maior parte é de casais? Você tem que ter uma leitura dinâmica, rápida, para buscar o conteúdo que já tem e se adaptar ao tema que te deram. E, muitas vezes, o tema é conhecido cinco minutos antes da palestra, a correria é tanta... Muitas vezes você fica sabendo do tema um mês antes, mas em algumas vezes você fica sabendo em cima da hora.

E pelo grau de conhecimento e intimidade com Deus e a Palavra, as pessoas se aproximam muito de um missionário pelo conforto que ele pode oferecer. É isso que acontece na maior parte das vezes?

As pessoas esperam respostas, vêm com as suas perguntas e medos, com traumas, com lembranças, marcas e decepções. Então, quando alguém sai de casa para ir para um encontro, principalmente quando ele sabe que ali haverá um pregador conhecido, existe uma expectativa muito grande, e nós sabemos dessa responsabilidade. Nós precisamos ser o mais claro possível em nossas falas, por isso que precisa fazer aquela leitura bem dinâmica do ambiente onde você está, porque não há uma resposta pronta que sirva para todo mundo. Você tem que, ao longo da sua fala, dentro daquele tema, despertar em todos a busca pela verdade que está dentro dela. Nós não podemos ignorar a diversidade de personalidades que estão nos ouvindo. Há pessoas inteligentes; outras não tão esclarecidas; algumas que mesmo na simplicidade delas têm uma experiência de vida muito bonita; há titulados, doutores, pobres, ricos, infelizes e felizes. Então é muito eclético, e qual é o principal trabalho de um pregador? Não é dar a resposta pronta, você emitir uma receita e dizer: "Façam isso que vai dar certo". É errado isso. Se alguém faz isso é porque ainda não fez o caminho da maturidade na vida missionária. Mas, quando você começa a colocar a Palavra de Deus e abre possibilidades para que as pessoas se enxerguem nela ou se encaixem nas respostas que o próprio Espírito Santo dá, então aí cada uma vai voltar para a sua casa com a resposta para enfrentar o seu problema, para resolver a sua vida.

E, de certa forma, o conteúdo ministrado é comum a todos...

O conteúdo é comum a todos, a interpretação é diversificada e a resposta cada um vai dar a sua. Então, você parte de um ponto em comum, mas você tem dentro da fala, da oração, da música, fazer com que cada um interprete da sua própria forma e aplique isso para a própria vida. É uma psicologia muito bonita. Muitas vezes, você termina um dia inteiro de retiro, mas você selecionou cinco, seis pessoas para atender ao longo da madrugada; então são histórias e mais histórias, as mais incríveis que você escuta, e uma coisa que o missionário nunca pode é se escandalizar com o pecado. Por pior que tenha sido a narração da história da pessoa, você tem que entender que aquilo é normal, para que não se espante e não rotule aquela pessoa. Aliás, ao contrário, nós temos que ter essa capacidade de absorver todas essas histórias, aprender com elas, dar respostas individuais para, quando estiver falando de maneira coletiva, entender que aqueles testemunhos estão ali espalhados na assembleia.

A satisfação e a compaixão são reações naturais ao levar a Palavra de Deus para outras pessoas, especial-

mente àquelas que mais precisam. Há espaço ainda para outros sentimentos, inclusive ruins, como a angústia e a tristeza?

Eu, como pai de família, esposo, eu fico indignado e até um pouco mal quando a gente encontra diante da nossa frente sofrimentos decorrentes de estupro, pedofilia, violência no lar, histórias que chegam até nós de adultos totalmente traumatizados por causa de episódios assim durante a infância, a adolescência, ou então vivendo ainda dentro da própria casa. A gente se sente um pouco mal, porque nós também temos filhos, netos, sobrinhos, uma família, e não conseguimos imaginar que alguém viva isso dentro de um lar, muitas vezes, calado, sem poder denunciar. E, às vezes, em um retiro onde o oprimido e o opressor estão presentes e você acaba escutando essas histórias, então você tem que fazer um processo muito grande dentro de si, porque tanto um quanto o outro são filhos de Deus e os dois precisam se encontrar com o amor de Deus. Mas, quando a gente volta para casa, geralmente no caminho de volta para casa, no ônibus, no carro, no avião, você precisa processar isso para não trazer resquícios desse sentimento de indignação para dentro da tua família, porque, quando entra na tua casa, é um outro ambiente: as coisas boas você traz para partilhar, as maravilhas que Deus fez, mas você não pode trazer para dentro de casa as coisas ruins. É necessário fazer esse processo, adquirir filtros para que isso não te afete, porque afeta. Quando você está diante de uma história de um trauma de violência sexual, abuso de autoridade, abuso de força em que a pessoa está literalmente apanhando dentro da própria casa, vê pessoas que foram tremendamente enganadas, caluniadas, é importante trabalhar isso e zerar ali, porque na outra semana tem outro encontro, são outras histórias. É preciso aprender a absorver, zerar e confiar que a misericórdia de Deus vai cuidar daquilo.

Claro que isso aumenta a sua responsabilidade também em acolher quem precisa.

É, porque talvez a pessoa só tivesse aquele final de semana para resolver a própria vida. Então, todo final de semana nós temos que estar 100% naquela missão, 100%. Você não pode estar 90% na missão,

Dunga

você tem que sair casa, dar um beijo na esposa, um beijo nos filhos, desligar de tudo. A minha esposa sabe que eu só vou ligar para casa se eu não aguentar de saudade e só vou receber uma ligação deles se acontecer alguma coisa, porque, do momento que eu saio sexta-feira de casa até segunda-feira, quando eu retornar, eu exerço 100% minha missão. Não que eu seja um pai ausente, um marido ausente, mas eu tenho que estar integralmente naquele lugar.

Nós sabemos que, durante a missão, vocês exercem muito a oração. E entre as expressões de oração há a meditação, a oração mental, a oração em línguas e várias outras. Há alguma força maior entre elas?

Depois de um tempo, a oração vai passando por vários estágios. No começo, você acha que Deus só te escuta se você estiver ajoelhado, depois você acha que Deus só te escuta se você ficar muito tempo na frente do Santíssimo, depois você só acha que escuta se você estiver na graça, não estiver em pecado. Tudo isso vai mudando, porque existe um trecho da Palavra de Deus, Jeremias, capítulo 15, versículo 19: "Se tu te converteres, eu te converterei e na minha presença ficarás". Então, estar na presença de Deus é estar rezando. A vida do missionário tem um percentual de solidão muito grande, porque é normal você dormir em hotel, pegar avião, entrar no seu carro, pegar um ônibus, e você sempre está sozinho; então o tempo só é muito grande e é a grande oportunidade de você estar a sós com Deus. Com certeza, depois de um dia inteiro de retiro, aplausos, pregação, oração, canto e, enfim, a adrenalina foi lá no alto, que chega uma hora em que é preciso viver a sua solidão em um quarto de hotel para estar inteiro de novo no outro dia. É bem nessa hora que você realmente fala com Deus e da forma que quiser. Às vezes está no Brasil, às vezes você está em Israel, no Canadá, no Paraguai, na Itália, às vezes você não fala a língua nativa, você precisa de um intérprete, e a única pessoa que você consegue conversar é com o intérprete. Mas com Deus não precisa de tradução, né? E a solidão do pastor, a solidão do missionário é uma grande oração. Hoje eu rezo em todo lugar, dirigindo o meu carro, dentro do avião a cada turbulência; eu rezo na solidão do quarto de hotel, enfim, eu rezo na hora do medo, quando eu estou perdido. Às vezes você se perde, se perde geograficamente, então em todos esses momentos você coleciona e tem oportunidades muito fortes de estreitar esse relacionamento com Deus. Além disso você tem a oração formal, tem a reza do Terço, tem a oração da Bíblia, tem a sua devoção pessoal ao título de Nossa Senhora que mais se identifique, seu santo de devoção, tudo isso também faz parte.

Neste caso da solidão, logo após as pregações, como fica a mente do missionário? Você se lembra das pessoas que passaram por você ou que estavam no público?

No final da noite, a hora que acabou tudo e conversei com Deus é uma alegria muito grande. Eu experimento uma alegria fantástica, muito grande, porque no final de uma missão você vai se recordando dos rostos transformados. A transformação está no rosto da pessoa. O dia em que eu perder essa alegria, eu volto a ser mecânico. Então, a maior motivação de uma vida missionária é você ver o milagre e o maior milagre é a transformação do semblante. Eu sempre penso que, independentemente de onde esteja e em que condição estou, na minha frente não existe uma multidão, na minha frente existem alguns rostos e esses rostos vão dar a você o tom do que foi aquele momento. E é o próprio Deus que conduz nosso olhar para as expressões mais singelas como uma lágrima, um sorriso, uma paz ou uma dor. E depois de cada compromisso, também, existem partilhas, pessoas te procuram, testemunham. Os testemunhos que nós ouvimos são coleções e, quando a gente vai dormir, ou então quando a gente chega ao final da noite nesse momento da solidão, é inevitável você se recordar dessas coisas. Até porque é isso que te dá estímulo. A melhor coisa é quando você volta a uma cidade, depois de um tempo, e reencontra alguém e ele te diz: "Olha, naquele encontro eu estava assim, assim, assim, assado e hoje eu me encontro assim, assim, assim, por causa daquela palavra".

Há muitas transformações?

Demais! No meu caso, em todos estes anos de missão, já presenciei muitos casos. Pessoas que estavam na prostituição, na droga, na bigamia, no desvio da sexualidade, na violência, no roubo, no crime mesmo, e você reencontra essas pessoas com esses testemunhos. Então, quer dizer, em cada lugar uma dor e uma alegria, testemunhos puros de transformação que levamos para cama junto conosco, e aí vem ainda um sentimento de gratidão muito forte, um sentimento de amizade com Deus, porque Deus não tem boca, Deus não tem braço, Deus não tem perna. Ele já teve tudo isso, mas como é que é o corpo Dele hoje? Eu não sei como é que é, mas igual ao meu ele teve durante 33 anos. Então, para ele falar com alguém, precisa da minha boca, para ele abraçar alguém, precisa dos meus braços, para ouvir alguém, precisa dos meus ouvidos. Daí vem a sensação de amizade com Deus. Além de Jesus Cristo ser seu Senhor, ser o Salvador, Ele é seu amigo. Aí você começa a conversar com ele: "Oh Deus, valeu! Aquele cara estava ruim e agora tudo mudou. Que bacana a gente poder fazer isso juntos!".

Mesmo diante de tanta graça e proximidade com Deus, o missionário também enfrenta provações. Como é que você lida com isso?

Eu tenho muita dificuldade de elencar a parte ruim de uma vida missionária. Poderia dizer pequenas dificuldades que nós temos, mas que eu não classifico como coisa ruim, porque, quando a motivação é servir, quando a motivação é ver milagres, quando a motivação é evangelizar, todas as dificuldades, todos os percalços, todas as barreiras, você passa a tê-las como um processo de fortalecimento. Diz a palavra de Deus no início do trecho de Tiago 1,2-4: "Considerai uma grande alegria, quando tiveres que passar por diversas provações". Fé provada produz constância: "Constância deve levar a uma obra perfeita, fazendo de vós uma pessoa sem deficiência e sem fraqueza". Então, a prova, a dificuldade passa a ser como uma academia para a gente, para você se fortalecer, para adquirir músculo espiritual.

A própria vida comunitária, consagrada, exige demais, não?

Claro, a vida comunitária é uma vida que exige muito. Eu tenho mais de 25 anos de comunidade Canção Nova, mas tenho que conviver com a inveja, as diferenças culturais, a calúnia e a mentira, porque onde há ser humano, tem isso. Por isso mesmo é que é preciso atentar para que, quando estiver em um ritmo de evangelização muito forte, pensando na frente, às vezes, é preciso se nivelar, resolver detalhes, reabastecer-se de Deus, para depois retomar a velocidade de novo. Você tem que recuar, descer ao nível de uma pessoa que não tem a sua visão para poder resolver e depois voltar de novo na velocidade. Mas eu vejo que faz parte da vida. Isso existia na minha vida como profissional da mecânica e isso existe dentro da Igreja também.

Você é um missionário, mas também compositor e intérprete, apresentador de TV, e por isso está sempre em evidência, midiaticamente falando. Isso te atrapalha ou incomoda? Como é que você elimina a vaidade e o orgulho para agir em nome da missão?

Eu lido muito com isso da visibilidade midiática. Eu não sei se eu fui blindado nesse ponto, mas a minha história de ser humano é muito simples. Até os 7 anos de idade eu morei em uma fazenda onde o banho era aquela privadinha no fundo, o papel higiênico era um jornal cortadinho pela minha mãe; a água era da cacimba; o ovo, da galinha que estava no quintal; o porco estava lá também; o banheiro era de bacia; a geladeira era uma lata de banha; o fogão era a lenha; o colchão era de capim. Então eu me recordo com muito saudosismo desse tempo. Na pobreza da minha infância, existia muita riqueza e muita nobreza. E eu, as minhas irmãs, meu pai e minha mãe trabalhávamos muito. Meu pai era pedreiro, assentava meio-fio, catava ferro-velho, vendia banana, fazia salgadinho, e eu participava de tudo isso. Lembro bem que de 1970 a 1980 nós comíamos em casa arroz, feijão e lambari frito, que antes de fazer tudo isso meu pai pescava aquela mistura. Sábado, mortadela; domingo, um frango que morria, do quintal. Essa minha história me fez um homem muito feliz. Depois desses anos eu comecei a fazer Senai [Serviço Nacional de Aprendizagem Industrial]. Conquistei meu espaço como profissional, fui trabalhar na fábrica em que meu pai trabalhou por 35 anos, minha mãe, 30 anos, e minha irmã, 28 anos.

Amava a minha profissão e, se fosse necessário voltar para lá hoje, voltaria com muita alegria, porque eu amo ser torneiro mecânico, eu amo ser frisador, ajustador de bancada, ferramenteiro; então, eu sou uma pessoa muito resolvida. Na minha infância e na minha juventude, eu fui o rei das pistas nas discotecas, eu ganhava concursos dançando com minha irmã, eu namorei muito, tive dezoito namoradas antes de namorar minha mulher e casar, mas eram namoros muito legais, bacanas, sem prostituição, sem nada, com o pai e a mãe da menina sabendo. E, quando eu fui para a Canção Nova, a Canção Nova era pequenininha, não tinha televisão, a rádio estava no início, então nós fomos crescendo juntos. Hoje eu tenho consciência do que eu sou, eu tenho um programa, um dos que têm mais audiência na TV Canção Nova, um programa que já está no ar há anos no mesmo dia e no mesmo horário. Eu ainda conduzo uma inspiração chamada PHN, que reúne 170 mil jovens na Canção Nova anualmente e que me leva a viajar o Brasil e o mundo todo, mas eu não me sinto uma pessoa famosa, eu não me sinto assim. Eu sei quem eu sou, mas eu não me sinto.

No fundo, a vida real é muito mais complexa do que os holofotes, não?

Veja, tudo é fugaz. Quando o meu pai morreu, por exemplo, eu estava em missão. Então, quando eu voltei, ele já tinha sido enterrado. Eu não participei nem do velório. Quando a minha mãe morreu, eu também estava em missão, mas deu tempo de chegar para o enterro. A minha irmã ficou dez anos doente na cama, sem movimentar um membro do corpo, e quando eu ia para os encontros, para pegar um avião no aeroporto, a minha casa ficava no caminho; passava, pedia a bênção da minha mãe e eu via a minha irmã, que foi quem me evangelizou, na cama, sendo carregada no colo pelo seu próprio filho, levada ao banheiro, para dar o banho... E eu via aquela cena antes de ir para o encontro e com certeza era uma pregação. Deus falava para mim: "Dunga, você é isso. Você não é o palco, você não é a luz, você não é a câmera. Você é isso. Sua família está aqui, é daqui que você saiu, essa é a sua realidade". Então, durante dez anos eu vi essa cena indo para o encontro, voltando do encontro. Às vezes, quando eu estava fazendo um grande *show* na Canção Nova, por exemplo, na primeira fila estava um dos meus sobrinhos, porque, quando um ficava cuidando da minha irmã, o outro saía. E quando ia chegando o final do *show*, eu sabia que ia ter sessão de autógrafos e fotos, ia ser ovacionado no final. Eu sabia para onde eu iria, mas eu sabia também para onde o meu sobrinho iria. Aquilo causava até uma angústia dentro de mim, uma pequena culpa, porque eu sabia para onde ele estava voltando, que era para cuidar da minha irmã. Isso sempre me colocou no devido lugar. Posso ir a Portugal, Espanha, França, Inglaterra, Japão, Estados Unidos, Israel, lugares que eu vou com frequência e faço trabalhos lá com brasileiros, com nativos e tudo mais, mas eu continuo sendo o filho da Dona Dita, o filho do seu Chico Nogueira, que tinha galinheiro no fundo do quintal, chiqueiro, canteiro, cacimba e privada. Eu não sofro por ser um homem de mídia, porque isso está muito resolvido, está muito tranquilo dentro de mim.

Aliás, a mídia deve ser uma aliada sua para o trabalho de evangelização. Como é a sua preparação pessoal para o trabalho de missão?

Como comunicador, é importante saber o que está acontecendo no mundo para não ser um evangelizador alienado. Eu tenho costume de ler jornal, de ver jornal todo dia, todo dia ler revistas. Eu sei que essa é uma grande responsabilidade nossa, eu acho que o missionário que não lê jornal ou não vê um telejornal está sendo relapso com a sua evangelização. Se ele não se atualiza, ele se aliena. Então, quando eu estou na solidão de um rádio ou na solidão de um estúdio de televisão, mesmo com quatro câmeras, cinco câmeras na minha frente, eu não vejo pessoas, eu vejo lentes, mas eu sei que milhares ou até milhões de pessoas estão me vendo. E o que eu vou falar para essas pessoas, se eu não estou vendo os rostos? Eu tenho que ter dentro de mim uma visão de contexto. E o que me dá visão de contexto é estar atualizado, é saber das novas leis que estão para surgir, das leis que já foram aprovadas, dos pecados atuais, dos tipos de drogas atuais, do pensamento do nosso Papa, do que está rolando de ruim nas novelas, nos filmes, nas músicas, é perder tempo para ver determinadas coisas, para ver em que grau de maldade está o mundo. Quer dizer, não posso simplesmente abominar o aparelho de televisão e dizer: "Eu não assisto televisão". E quando a gente está no estúdio, seja de rádio, televisão ou *web*, a única coisa que te salva nessa hora é saber o que está acontecendo no mundo e que essas pessoas que estão te vendo sofrem por causa disso. É preciso dar uma resposta, porque toda cura de um corpo começa a partir da parte boa do corpo. Se você tem uma unha encravada, mas ainda tem um pedacinho da unha que está boa, é a partir dali que vai começar a cura.

Falando em cura, você considera que o mundo contemporâneo está em crise?

A grande crise do mundo hoje não é espiritual, é de valores. Mas isso é um ciclo que desde que o mundo é mundo acontece. Todas as grandes civilizações, Egípcia, Grega, Romana, Asteca, Maia, todas as civilizações acabaram porque antes terminaram os valores, e o principal valor de uma sociedade é a família. Uma vez perdido o "valor família", você tem bigamia, incesto, estupros, tira-se a racionalidade do ser humano. Por exemplo: estamos sujeitos a assistir a situações de pura perda de valor, como são os *reality shows*. Você coloca em uma casa 15 seres humanos e todo mundo, todo o resto do país, quer ver o que acontece lá, muitas vezes sem nenhum tipo de valor ético, moral. A humanidade está passando por uma crise de valores e nós nem entramos no campo da espiritualidade; nós entramos numa decadência humana, é um efeito antropológico, se você for analisar. Eu, graças a Deus, na condição de ser humano, viajo muito e conheço as histórias das civilizações. Por que é que os gregos acabaram, não foram mais aquela potência? Por que é que os espartanos deixaram de ser uma potência? Por que é que os romanos, povos que dominaram os egípcios, por que é que eles dominaram tanto, estenderam o seu domínio em tantas terras e depois acabaram? Porque perderam valores. A resposta é essa. Perderam valores. Quando você perde valores, você enfraquece a sociedade.

Neste sentido, você citou a família. Essa instituição, tão cara para a Igreja também sofre com essa crise de valores?

O Brasil está passando, por exemplo, por um momento de enfraquecimento, e o principal elo desse mal é que a família está sendo muito atacada. Então, não interessa mais se é homem com mulher, agora pode ser homem com homem, mulher com mulher, duas mulheres podem adotar uma criança, dois homens podem adotar uma criança. Mal começa uma novela, uma pessoa está terminando o relacionamento e já começa uma torcida dentro de casa para que fulano fique com ciclano e não importa mais como acabou o primeiro relacionamento. Então, existe uma diminuição, um enfraquecimento dos valores, que, claro, vai refletir no dia a dia da sociedade, na educação dos nossos filhos, na escola, na presença de drogas na vida cotidiana das crianças, de doenças sexualmente transmissíveis e por aí vai. Geralmente, esse processo de encantamento com a perda de valores, segundo estudos, dura 25 anos. Depois, a própria sociedade chega a entender que não foi bom. Só que depois demora 50 anos para consertar o estrago, ou seja, 75 anos se passam e você enfraquece um país, uma nação. O Brasil passa por isso e, na nossa visão de missionário, além de pregar a Palavra, temos que tentar devolver valores para as pessoas: abriu, fecha; sujou, limpa; marcou, compareça; deveu, paga. Valores: familiares, de fidelidade, de respeito. Essas coisas, quando se perde, você perde muita coisa.

Nesta crise de valores, o homem perde uma de suas principais armas: o amor?

A palavra amor perdeu força. Ela se tornou música, poesia, mas ela deixou de ser atitude. Então, quando a gente canta: "É o amor, que mexe com a minha cabeça e me deixa assim...", é uma excelente poesia, mas o amor não é poesia. Amor é decisão. Amor não é matar, amor é morrer. É morrer por alguém, é você dar a sua vida por alguém: um pai que dá a vida pelo filho, uma mãe que dá a vida pelo filho, o amigo... Hoje, se usa a palavra "amor" de uma maneira muito pejorativa, simples e superficial, e realmente a solução é o amor. É você devolver o amor ao coração das pessoas. O amor que faz um pai que tem uma filha nua em seu braço quando pequena e depois, quando passa a ter noção de que a filha não pode mais estar nua na frente dele, que ela tem que se cobrir e ele que protege essa filha; aí você vê o próprio pai estuprando uma filha, então, cadê o amor? Isso enfraquece a atitude do amor. E hoje, nós como missionários, quantas e quantas histórias de abuso sexual dentro da própria casa temos que ouvir, rezar, trabalhar na vida de cada pessoa. A pessoa já se tornou um adulto, mas não perdoa o próprio pai porque na infância, na juventude, na adolescência, foi abusada sexualmente. Então, cadê o amor? Cadê o amor desse pai? Perdeu e perdeu porque alguém tirou os valores dele. Nós, como missionários, também temos essa grande obrigação: devolver os valores para que o amor possa, realmente, ser tratado de novo como tal.

Ao considerar o amor como decisão, pode-se considerar que é a mesma atitude que devemos ter com relação à fé? O que é fé para você e qual a relação que ela tem com a esperança?

Quem lê Hebreus, capítulo 11, versículo 1, tem a definição de fé na Bíblia, e está escrito assim: "A fé é o fundamento da esperança". Se nós procurarmos sinônimos de "fundamento", vamos encontrar "base" e "alicerce". Então, quando você passa em frente a um prédio, não vê o alicerce, vê o que está construído, mas o alicerce não está aparente. E a Bíblia diz que a fé é o fundamento. O que nós vemos de evidente uns nos outros não é a fé, mas as esperanças: "Eu tenho esperança que o meu filho saia das drogas", "Eu tenho esperança de arrumar um emprego", "Eu tenho esperança de fazer uma faculdade", "Eu tenho esperança de casar o ano que vem", "Eu tenho esperança que o meu time saia da segunda divisão". As esperanças só podem existir porque elas estão baseadas em um alicerce, em um fundamento. E quando nós recebemos esse alicerce? Na infância. Independentemente de religião, espiritualidade, se eu sou católico, se eu sou espírita, se eu tenho outra religiosidade qualquer, hindu, judaica, budista, não importa, todos nós recebemos a nossa base na nossa infância através dos nossos pais, dos nossos irmãos mais velhos, dos catequistas, dos padres, dos diretores espirituais, enfim. Essa base foi dada a todos nós. Eu tenho essa base, você tem e todo ser humano tem. A questão é saber o que é que nós vamos fazer com essa base? Temos que construir alguma coisa sobre ela e assim construímos as nossas esperanças. É a esperança de um pai que, por mais rico que seja, sabe que o dinheiro dele não resolve o problema do autismo ou do câncer do filho. Resta a ele ter esperança de que haja a cura. Então, na verdade, a fé não é nada mais, nada menos que uma base. O problema é que as pessoas trataram a fé com uma mística muito grande. A mística não está na fé, a mística está na esperança. Você define um homem pelo grau que ele tem de ter esperança ou não. Todas as nossas esperanças, um dia, deixam de ser esperanças, porque nós edificamos, nós tornamos essas esperanças realidade.

Dê um exemplo disso.

Quando você vai a uma igreja, por exemplo, chega aquela pessoa com todos os problemas dela e, se eu levantar a mão e falar assim: "Quem aqui tem fé?", com certeza essa pessoa não vai levantar a mão, porque ela vai estar tímida, com um monte de problema, está voltando agora para a igreja. Mas se eu perguntar: "Quem aqui tem esperança?", essa pessoa vai ser a primeira pessoa a levantar a mão. Então, a Bíblia diz que a fé é o fundamento da esperança. Essa pessoa, ao longo da vivência dela da Igreja ou dentro da espiritualidade que ela escolheu, vai realizar todas as suas esperanças: casar, comprar, ter, ser, enfim, tudo. Então, com certeza, o futuro do mundo está na esperança. Só podemos ter esperança se antes tivermos a fé. Não existe fé maior ou fé menor. Existem estruturas, bases, alicerces mais fortes e menos fortes, porque, se você fizer a estrutura de uma casa, você não pode construir um prédio. Se você fizer a estrutura de um prédio, você não pode construir uma cidade. Então, cada um de nós recebeu uma base. Alguns não receberam base porque os pais eram ateus, não acreditavam em nada. É um triste destino, porque uma pessoa sem base é uma pessoa também sem esperança e que não acredita em nada. Graças a Deus, nós cristãos temos uma boa base. E você olha hoje em dia para os seus amigos de conversão, contemporâneos, e percebe o que cada um construiu. Eu construí, de 1983 até os dias de hoje, o meu casamento, a minha profissão, a minha missionariedade, uma casa, eu tenho um carro, formei os meus filhos. São todas as esperanças que eu fui edificando, uma por uma, porque antes eu tinha uma fé. Eu acreditava que Jesus Cristo estava na Eucaristia, eu acredito que Ele esteja na Eucaristia, eu acredito nos sacramentos, eu acredito no dogma, na doutrina da minha Igreja; então, eu tenho a minha base. O espírita tem a base dele, o Seicho-No-Ie tem a base dele, o hindu tem a base dele, o budista tem a base dele. Eu não estou questionando agora se a minha é melhor ou pior, não é isso. Eu constato: eu tenho a minha. E sobre a base de cada um, construa cada um as suas esperanças. Então, a fé existe e é graças a ela que o mundo pode mudar.

Somente ter esperança já basta?

A esperança não é a cura. Meu pai morreu de câncer com 80 anos. É normal ter câncer aos 80 anos. Todos nós temos câncer, essa célula vai se desenvolver ou não. Se ela se desenvolver com 80, eu vivi 80, está ótimo. A esperança que eu tinha quando o meu pai tinha câncer não era de cura, era de um final de vida com dignidade. Então, nossas esperanças, quando mal conduzidas, quando mal orientadas, elas são infantis. Você não pode ter esperança infantil, você tem que ter esperança realista. Quando uma pessoa chega a mim com o problema de uma doença incurável, a primeira coisa que eu, como missionário, tenho que dizer para ela é: "A sua doença é incurável, ela não tem cura". Aids não tem cura, você pode ficar com o vírus indetectável no seu corpo, mas você continua tendo o vírus da Aids, você tem HIV. Você tem que se cuidar para que esse HIV não se manifeste, mas você ainda tem, está indetectável no seu sangue, então vamos trabalhar para que ele não se manifeste. Vamos ter uma vida regrada, não usar droga, não fumar, não beber, vamos dormir legal, cuidar da alimentação para que você venha a morrer de velho e não de Aids. Então, esperança é isso. Esperança não é você enganar a pessoa e achar que milagre é mágica. Milagre tem começo, meio e fim. Começo de milagre, já é milagre. Quando uma mãe chega para mim e fala assim: "Meu filho chegou ao fundo do poço". Ótimo! Não tem mais para onde ir. Acabou a queda, não tem mais. Agora vamos comemorar cada milímetro que ele subir,

O guerreiro contra o pecado

porque agora tem uma direção, é para cima. Eu tenho um amigo, que é um neurocirurgião do Nordeste, um dos maiores nomes da área em toda a América do Sul, e um dia eu pedi para que ele me definisse "cura", para que eu pudesse montar uma palestra em cima disso. E ele disse, depois de muitas pesquisas, que "cura" é uma pequena melhora. Cura é uma pequena melhora. Então, quando uma pessoa vem com uma doença grave, com um problema drástico, eu digo: "Vamos buscar uma pequena melhora", porque é de pequenas em pequenas melhoras que a gente vai viver o resto da nossa vida. Nós não podemos enganar ninguém, nós podemos dar esperança para essas pessoas, a esperança que amanhã pode ser melhor, dependendo daquilo que ela viver hoje, que é o único dia que a gente tem. O dia de ontem não existe mais e o dia de amanhã não existe ainda. Só posso trabalhar em um dia, que é o hoje. Então, como é que eu encaro o dia de hoje? Com esperança. Então vamos viver. Fé é isso, fé madura é isso. Esperança é isso.

"A fé é um sentido que você descobre mesmo depois de toda a dor da morte."

Rodrigo Ferreira

O missionário do amor

Quando o vozeirão dele atravessa o salão, aqueles que estão distraídos se arrumam na cadeira e procuram saber quem é que assumiu o microfone com tamanha impostação. Aos poucos, além da voz, ele chama a atenção também pelo bom humor, a ponto, inclusive, de fazer brincadeiras muito saudáveis de passagens bíblicas importantes como a de Lázaro: "Jesus chamou Lázaro, mas ele já estava todo enfaixado, no alto do sepulcro. Ele tinha tudo para dizer: 'Deixa quieto, Senhor, já estou bem aqui'. E assim é com a gente também, quantas vezes agimos de forma acomodada aos chamados de Cristo?". Rodrigo Ferreira é um pregador que deixa marcas difíceis de esquecer, seja pelo otimismo e o senso de realidade, seja pela resiliência em tocar a vida tendo Deus como guia.

A necessidade de dar a volta por cima diante dos mais duros acontecimentos não nasceu por acaso na vida de Rodrigo, que completou 43 anos em 2018, 25 deles só de vida missionária. Duas situações marcaram definitivamente a sua personalidade: a doença da mãe e a morte da primeira esposa, Érica Michellini Bozzo. "Minha mãe tinha Transtorno Obsessivo-Compulsivo, principalmente de limpeza, e nós tínhamos que viver quase que em uma bolha. Quando meu pai e ela se separaram, isso piorou mais ainda, e como meus irmãos já tinham saído de casa, eu tive que aprender a conviver com isso. Havia dias em que eu não podia ir ao banheiro à noite para não pisar no chão e sujar", diz ele, ressaltando que a mudança na vida dela começou a ocorrer a partir do momento em que se converteu. "Quando a minha mãe começou a ir para o grupo de oração na Igreja Católica, aí as coisas começaram a mudar no dia a dia. Eu vi que chegou alguma coisa diferente, uma atitude, uma palavra. Comecei a perceber o equilíbrio dela. E como estava acostumado a vê-la extremamente surtada, nervosa, em níveis de estresse terríveis, era muito bom vê-la se recompondo.

Rodrigo Ferreira

Aliás, eu costumo usar para este momento a expressão 'se restaurando' ou 'se reconstruindo'".

Anos mais tarde, já atuando como missionário e membro da Banda Louvor e Glória e da Missão Louvor e Glória, respectivamente fundadas em 1996 e 1998 na cidade de Marília (SP), Rodrigo precisou enfrentar a precoce morte de sua esposa, Érica. Foi em novembro de 1998, sete meses depois do nascimento da primeira filha deles, Victória. "A morte me desconcertou, e olha que eu já estava em missão, mas de repente eu me vi sozinho, com um bebê para cuidar. Achei que nunca mais fosse voltar, mas isso durou cerca de uma semana e lá estava eu acompanhando a banda, às vezes com a Victória junto, outras vezes já deixava com a família. Mas foi o amor de Deus que me trouxe de volta." Rodrigo se casou novamente com Adriana Maria Gonçalves Ferreira e, além de Victória, que completou 20 anos em 2018, é pai de Sofia, 8 anos, Miguel, 5, e Mariah, 2 anos.

Um traço importante da missão de Rodrigo Ferreira é o carisma, e com isso leva milhares de pessoas para *shows* e pregações. O lado artístico, com CDs e DVDs gravados, músicas compostas em parcerias com alguns dos maiores nomes da música brasileira, também garante parte de sua popularidade. Mas ele sabe que nada disso vem exatamente dele. "Missionário não convence ninguém. Se alguém falar assim: 'Eu convenci fulano'. Não. Quem convence, capítulo 16 de João: 'O Espírito Santo convencerá a respeito da verdade, do pecado e do juízo'. É Ele que convence. O convencimento é do Espírito Santo. O missionário é unicamente um anunciador, um arauto, ele vai lá e fala, ele prega."

Por este mesmo motivo, Rodrigão, como é chamado por conta de seu quase 1,90 m de altura, insere em suas pregações profundidade doutrinal e muitas referências a passagens bíblicas. As mensagens são diretas e, por muitas vezes, tem-se a impressão de colocações individualizadas. Em verdade, o missionário consegue atender aos anseios gerais da plateia porque percebe nela problemas que são muito rotineiros, em especial quando alguém se afasta de Deus. "Ser missionário é dar uma preferência. Jesus deu preferência aos pobres e aos famintos, aos marginalizados, aos esquecidos e perdidos. E quando eu falo preferência é no sentido assim: é legal você ser o pregador de um evento, eu acho que é importante, você vai em um grupo de mil pessoas, cinco mil pessoas, dez mil pessoas, cem mil pessoas; você ir lá pregar eu acho que é válido, mas acho que o missionário se completa quando ele chega até uma só pessoa que está precisando."

E assim ele segue a vida em missão, com muito bom humor, mas sobretudo consciente do objetivo de anunciar a salvação a todos que puder, aqui no Brasil e no exterior. Como ele próprio diz, é um tripé:

ser Igreja, ser humano e espiritualidade, porque é isso o que está contido no próprio Evangelho de Jesus Cristo, no plano de salvação de cada um. "Vivemos um desafio de evangelização em que o foco central precisa ser o ser humano e os valores que mantêm vivas instituições como a família e a Igreja. Um desafio para todos, inclusive para nós, que anunciamos a Palavra."

5

RODRIGO FERREIRA

Ministério Louvor e Glória
Diocese de Marília (SP)

Quando e por que você decidiu ser missionário?

Eu acredito que todo o chamado vocacional mesmo aconteceu pela conversão da minha mãe. Foi o que me chamou a atenção para Deus. Porque ela vivia um drama muito grande na vida. Ela tinha Transtorno Obsessivo-Compulsivo e isso gerou a separação dos meus pais, trouxe problemas, por exemplo, de drogas para o meu irmão mais velho, e foi meio que desconjuntando a família. Em 1987, a minha mãe começou a frequentar os grupos de oração em Marília. Eu tinha 12 anos de idade e aí eu fui vendo, no dia a dia, a mudança da minha mãe. Na verdade, eu era um menino muito desatento a tudo. Eu não tinha uma atenção especial para nada, nem mesmo profissionalmente falando. Não tinha nenhuma coisa aguçada em mim. Às vezes, até pelos problemas que via em casa, eu não tinha muita perspectiva, aquela coisa de olhar para o futuro. Mas foi a mudança da minha mãe, porque eu estava acostumado a ver um cenário todos os dias de uma pessoa muito doente, desequilibrada, obcecada, transtornada, e vi os cenários ao meu redor mudando. Então isso despertou em mim curiosidade, a fé; isso despertou em mim aquela sensação boa de ver o que estava acontecendo, mas ao mesmo tempo era de medo, porque estava acostumado a ver o mesmo cenário a vida toda até os meus 12 anos, aquela mesmice, sempre aquela mesma coisa. Nós já sabíamos até o que ia acontecer, sabíamos até que dia minha mãe ia ter crise, que dia que nós íamos sair daquela casa.

Era bem acentuado isso?

Era tudo muito acentuado. Era acentuado a ponto, por exemplo, da minha mãe... O transtorno dela, a obsessão dela era por limpeza, então nós dormíamos, por exemplo, à noite, para o cobertor não relar no chão, porque, para minha mãe, sujo era o chão. Então para o cobertor não relar no chão, ela amarrava o cobertor no pé da cama, dos beliches. Então nós dormíamos praticamente mumificados. E durante o dia nós não pisávamos no chão, ficávamos em cima do sofá, íamos para a escola, voltávamos, tínhamos que tomar banho. Para lavar o banheiro, ela esfregava tudo: as paredes de casa, o muro de fora de casa, esfregava com bucha de tanque. O dia inteiro limpando, limpando, limpando... E aí a minha mãe, por exemplo, estava tudo limpo já, as roupas lavadas, passadas, aí de repente, nós estávamos assistindo televisão, parece que ela ouvia alguma coisa, "suas roupas estão sujas", e ia lá, tirava da gaveta tudo e ia lavar tudo de novo. Mas era na mão, não era na máquina não, tudo na mão. Só que com o tempo aquilo ficou costumeiro. Sabe um mau cheiro que você sente e daqui a pouco você acostuma? Acho que a própria estrutura humana vai fazendo você se adaptar àquilo. Para nós aquilo já não era mais gritante, era muito normal ver minha mãe limpando o tempo todo, lavando o tempo todo. Nós já chegávamos, mesmo quando tinha dias, por exemplo, que ela estava melhor, nós já tirávamos o chinelo e já subíamos no sofá. Aí para descer, nós falávamos: "Mãe, pode descer?". Nesses dias bons ela falava: "Claro que pode". Nós já estávamos acostumados com aquilo. Mas também ia chegando a níveis terríveis de opressão, por exemplo, de não poder ninguém entrar em casa. Quando batia alguém em casa, falava: "Ah, minha mãe saiu e levou a chave e nós estamos aqui". Algum parente, alguma pessoa. Então isso era muito comum. Só que você vai crescendo e você vai vivendo, cada um vai sumindo. Então, como meus irmãos são dez anos na minha frente, os meus irmãos foram crescendo e saindo de casa, e eu fiquei sozinho com a minha mãe no final. Então eu fui vendo a transformação dela dia a dia, depois. Foi uma coisa muito gritante para mim. Então minha mãe se tornou uma pessoa muito amarga, por causa da doença, muito deprimida, completamente alucinada. Ela não falava coisa com coisa, tinha uns surtos... Chegou a ficar internada em hospital, por exemplo, no Charcot em São Bernardo, porque eu sou de São Bernardo. Então minha mãe chegou até a ficar internada meses. Chegou a ter os picos maiores da doença, mas aí, quando ela começou a ir para o grupo de oração, eu comecei a ficar impressionado de ver sua melhora.

Você ia junto?

Não, no começo não. Então eu ficava impressionado de ver o comportamento dela, a superação dela, porque eu sabia o quanto aquilo a fazia sofrer, mas aquilo para mim era extraordinário, porque eu via a minha mãe o tempo todo atrás de um monte de saídas para isso desde pequenininho: espiritismo, mesa branca, macumba, saravá, igrejas evangélicas. Eu via minha mãe o tempo todo atrás com as minhas tias, com o meu próprio pai antes de se separar, e nada dava resultado. Quando o meu pai saiu de casa, imagine, o seu pai reúne e fala assim: "Ó, eu estou saindo, porque eu não aguento e sua mãe não tem cura". Só que chega uma hora, é difícil de explicar, mas dentro de você, você vai se adaptando, porque é a minha mãe, eu sou filho dela, eu tenho que ficar aqui, também não tenho o que fazer, então pensei assim: "É tocar a vida". Mas sem muita perspectiva, porque eu não era uma pessoa assim muito projetada, sabe?

Porque isso te pegou também em uma fase extremamente complicada...

Complicada, e eu vi os meus irmãos sofrendo demais. Meu irmão se envolveu com drogas e aí é aquele problema. Meu irmão chegou a ficar fora de casa muito tempo, o outro foi embora com o pai. Então minha irmã casou grávida e deu aquela coisa, desconjuntou mesmo. Então você fica meio sem rumo. Agora, quando a minha mãe começou a ir para o grupo de oração na Igreja Católica, aí as coisas começaram a mudar no dia a dia. Eu vi que chegou alguma coisa diferente, uma atitude, uma palavra. Comecei a perceber o equilíbrio dela. E como estava acostumado a vê-la extremamente surtada, nervosa, em níveis de estresse terríveis, era muito bom vê-la se recompondo. Aliás, eu costumo usar para este momento a expressão "se restaurando" ou "se reconstruindo". E isso eu vi com os meus olhos, ninguém me disse. Vi aquela reconstrução e aquilo mexia demais comigo, mas mexia demais mesmo, a ponto de eu pensar que tinha alguma coisa estranha. Só que até então, aí que está o negócio, eu não era uma pessoa evangelizada. Eu fui catequizado quando criança, fiz um ano de catequese, na época era um ano só.

Primeira Comunhão?

Isso mesmo. A Primeira Comunhão.

Uma formação social?

Exatamente. Então aí há uma questão, por exemplo: a nova catequese, a nova evangelização é bem diferente da minha época. A catequese passou por uma reformulação muito grande já, mas ainda acho que tem muito a evoluir. Mas na minha época eu não acredito que era uma evangelização, porque evangelização é um negócio muito mais profundo, muito mais completo. Então você tinha aquela semente, mas não sabia absolutamente nada sobre Deus. Eu, aos 12 anos, já não tinha aquela perspectiva de Deus ou aquela perspicácia, sentimento. A sensibilidade para Deus era uma coisa muito razoável, superficial. Mas ali com a minha mãe indo para igreja e as mudanças, eu fui me interessando. Aí eu vi uma coisa aqui, uma coisa ali. A idade da curiosidade também, sempre fui muito curioso. Aí com 15 anos eu comecei a frequentar o grupo de oração com a minha mãe e foram três anos.

Qual grupo era?

Chamava Luz Divina, na paróquia Sagrada Família, em Marília. E eu comecei a ir ao grupo de oração, às segundas-feiras à noite. Era tudo muito estranho, porque a catequese era muito diferente e era o que eu tinha de base. A catequese era uma aula. No grupo não.

Na catequese, você decorou as orações, os mandamentos, o ato de contrição e acabou...

Exato! Não tinha nenhum momento de cantar ou uma hora ou outra fazia isso. E aí eu ia na missa, porque começava com a missa e depois era a aula de catequese e depois rompi. Então era muito diferente, chegava a ser assim gritante. E aí que eu penso que o desafio da evangelização para essas pessoas, como aprendi no livro **"Como Evangelizar os Batizados", de Prado Flores**, não seja evangelizar os ateus ou os pagãos, mas sim pessoas como eu era, esses Rodrigos, que já são batizados e que não foram evangelizados. E aí começou toda essa questão, teve um choque. Quer dizer, ao mesmo tempo que era desagradável, também era muito agradável.

Havia algo que era muito bom...

Sim, era bom, fazia bem, e aí eu fiz, mesmo nesse ano de 1990, eu fiz minha primeira experiência de oração, que na época nós chamávamos de **Seminário do Espírito, ou Seminário I**. Era uma experiência de oração, um retiro de final de semana. Começava sexta e terminava domingo. Vinha o pregador e dava para você aquele **querigma**, que é o primeiro Anúncio. Eu estava com 15 anos, sentei ali e ouvi o cara falar desde do princípio, do amor de Deus, até a comunidade, que é o último tema querigmático. A sensação era a mesma coisa de ser alfabetizado. Por isso eu digo hoje para as pessoas que, para mim, ser alfabetizado é tão importante como ser evangelizado, e ser evangelizado é tão importante como ser alfabetizado, porque, se você não é alfabetizado, você olha e não sabe nada, você não sabe ler, você não sabe escrever, você não sabe o que vem, que ônibus, que placa...

É interpretar a vida...

É. Onde estava tudo isso que eu não via? Parece que nem existia, mas não é, porque eu não fui evangelizado, e naquela hora aconteceu isso. Então a evangelização abre o seu entendimento, abre seu coração. Você aprende a ler e escrever. Eu vejo minha filha. Ela ficava maravilhada porque estava sendo alfabetizada e sabia escrever o nome, sabia as letras. A sensação da evangelização é bem parecida. Porque, quando não há uma evangelização, as pessoas até já podem ter tido contato com a Bíblia, com as coisas de Deus, viram uma cruz, já viram uma imagem, já viram uma pomba, mas é diferente. A minha evangelização aconteceu com 15 anos, mas eu fiquei tão maravilhado, aconteceu um avivamento tão grande dentro de mim, que despertou uma fé adulta.

E aí você buscou inicialmente uma espiritualidade maior nos grupos de oração, mas também buscou aprender mais?

Busquei e foi assim instantâneo. Ao mesmo tempo que tinha contato com a espiritualidade carismática, que é mais, vamos falar assim, Espírito Santo, pentecostal, uma coisa mais efusiva, eu via que precisava mesmo buscar esse conhecimento. Aí em 1991 começou um grupo chamado Discipulado, coordenado pelo padre Benedito Hércules Daniel. Ele é um padre que cuidava dos jovens, e o que seria esse grupo? Fazer um estudo sistemático dos evangelhos, dos quatro evangelhos. E aí nós fizemos. Foram dois anos praticamente, de 1991 a 1993, intensos, conhecendo a Bíblia, conhecendo os evangelhos.

A leitura e o comentário?

Leitura, comentário, vivência, muita vivência. Por exemplo, chegava no Lava-Pés, nós fazíamos o Lava-Pés. Na hora de ele explicar sobre a ceia, a instituição da Eucaristia, era uma vivência muito grande, de retiro, de você ver aquilo, de você expressar. O padre Hércules era muito ligado a teatro, então ele fazia teatro conosco e isso foi fundamental, porque vivíamos aquilo de forma intensa. Nós ensaiávamos, por exemplo, filho pródigo, então ele fazia com que buscássemos alguém. Tinha que buscar alguém para ser convertido. Por exemplo, os três meses de ensaio nós tínhamos que buscar alguém que estava perdido como o filho pródigo para ser o "cara" da peça. Então era uma vivência muito forte, e aí ele falava: "Quem tem um amigo aqui perdido nas drogas?". Um dizia: "Eu". Então vai ser ele. E dava certo...

Isso você morando com a sua mãe. Sua mãe continuava na caminhada?

Com a minha mãe. Continuava caminhando, continuava melhorando. Claro, com todas as dificuldades, e aí esse meu irmão também começou a frequentar, parou com as drogas. Então a mudança foi mesmo muito grande no cenário da minha família. A minha própria irmã, o meu cunhado, começaram a participar, mudaram demais. Então você começa a ver algo palpável. Agora, é claro, isso dentro de cenários de muito sofrimento, dor, dificuldade, porque é difícil você reestruturar todo uma história e sofrimento interior das carências que você tem. Isso tudo está ali, tua história. Não foi trocada, é a mesma pessoa. Eu digo que tudo é a **mudança de pensamento, como uma metanoia**. Se você muda o seu jeito de pensar, você vai conseguir mudar os seus sentimentos. A mudança de mentalidade é tudo, eu acho. Se você consegue reconstruir seu jeito de pensar a vida, de pensar as coisas. E aí toda essa questão que vocês estão falando, fé, por exemplo, você evangelizar sobre a fé, a ressurreição, a vida, a morte. Tudo isso. Aí depois desses dois anos, o que aconteceu? Eu estava assim a ponto de explodir de vontade de... Eu queria ser padre! Queria ser padre porque nós pensamos que ser padre é o ápice do servir a Deus, quando você é jovem. Então eu queria ser padre, pelo ímpeto de querer servir a Deus. Só que teve o Seminário do Espírito que falei antes, e o grupo que dava fazia parte de um Ministério de Evangelização. Era um grupo que saía no final de semana para evangelizar, e eu dentro de mim comecei a pensar nisso. Pensava: "Poxa, nós podíamos fazer a mesma coisa. Nós temos capacidade de fazer a mesma coisa". E nesse grupo de discipulados, tinha um que tocava violão, outro que cantava, outro que pregava, outro que gostava mais de rezar, e nós formamos um ministério na época. Com tudo que tinha. Tinha quem sabia cuidar das crianças, o que era bom de teatro. Formamos um ministério junto com o padre e nós saíamos para as cidades ali ao redor pregando em retiro de Carnaval, encontro de jovens e por aí vai. Em 1993, quando acabou o discipulado, eu fui passar férias em Santo André na casa da minha irmã e do meu cunhado. E aí um dia fui à missa e, quando cheguei, era uma capela bem pequena chamada Santa Luzia. Ela tem uma localização territorial assim interessante. Ela fica exatamente no meio de três favelas: Tamarutaca, Sacadura Cabral e Palmares. Ela fica ali. Então, ela é praticamente sufocada. Quer dizer, quem não é da favela, não vai, porque tem medo de passar pelo local, e quem é, muitas vezes não vai porque a vida ali também não é fácil e o tráfico de drogas, aquela coisa toda. Ou seja, geograficamente ela não favorecia. Mas era a paróquia que minha irmã ia à missa todo domingo. Eu fui. Lá tinha um padre do Sagrado Coração, uma padre gaúcho chamado Belmiro, e aí na hora da missa eu me senti assim completamente envolvido, fui envolvido por uma graça, e aí o padre estava falando: "Gente, vem me ajudar, quem toca violão, quem lê não sei o quê e não sei o que lá". E tudo que o padre falava eu tinha a graça de ter recebido de Deus. Eu tocava violão, eu cantava, tinha essa formação bíblica, já estava pregando, fazia programa de rádio na época como jovenzinho e tudo mais. Fui para casa depois da missa e aquilo ficava latente em mim. Pensava que eu tinha que ajudar esse padre. Só que eu sempre fui assim muito dependente da minha mãe, não financeiramente, afetivamente, eu sempre fui muito ligado a ela e sabia que ela também era muito apegada a mim. Mesmo com toda essa melhora da minha mãe, ela sabia que eu era a "rapa da panela". Em outras palavras, emocionalmente ela se escorava em mim. E aí eu fui para casa, cheguei e falei para o padre Hércules o que tinha acontecido. Eu disse que queria ir embora, para Santo André. Eu estava com 17 para 18 anos e ia começar o terceiro ano do Ensino Médio pela segunda vez. Bem, ninguém me apoiou. Nem o padre. Aí eu pensei no início que devia ser entusiasmo, euforia. Mas não era não. Eu namorava nessa época, e a minha namorada até que me apoiou. Não estava namorando havia muito tempo e daí eu fui para Santo André (SP). Voltei lá e foi um rompimento muito dolorido, porque minha mãe, depois de muitos anos, surtou de novo e aí, quer dizer, emocionalmente foi aquela queda dela com minha saída, e daí nós brigamos. Ela não aceitou, ela não aceitava isso. Na cabeça dela não estava certo. Dizia: "Como que você vai embora de casa? Você vai viver do que lá?". Aí, quando eu cheguei, eu procurei meu pai, que morava por ali. Meu pai falou: "Olha, sem chance. Eu não tenho como te sustentar". Aí eu comecei a trabalhar. Só que imagina: eu saí do interior de São Paulo para ir para a capital, e o emprego que eu arrumei era de *office-boy*, de fazer serviço de banco. Então o cara chegou e colocou para mim o guia de São Paulo dessa grossura... Então eu tinha que trabalhar de *office-boy* e ajudar o padre de noite na paróquia e no final de semana.

O padre o acolheu?

O padre me acolheu, o padre ficou muito feliz. Eu fazia tudo com ele. Ia às favelas. Fiquei lá por um ano, ajudei, fiz cursos, aprofundei-me em tudo que podia e, então, voltei para Marília. Em Santo André foi a gestação da minha vocação missionária, porque eu voltei para Marília decidido a ser missionário. E na época nem entendi bem por que Deus tinha me levado para lá e trazido de volta. Mas eu hoje consigo compreender, depois de mais de 20 anos de caminhada. Era mesmo uma forma de Deus me desinstalar e de viver uma experiência missionária, viver da providência, da dependência, da entrega, do abandono, do momento, do despojamento de tudo, e graças a Deus foi ali, foi em Santo André, que eu comecei a viver aquela experiência interior com Deus.

E nisso você abandonou a ideia de ser padre?

Abandonei. A ideia de ser padre eu abandonei. Aí começou a amadurecer mesmo em mim a questão missionária. Aí me enterrei nos livros mesmo, que eu tinha há muito tempo.

E você conseguiu concluir o terceiro ano do Ensino Médio?

Não, não consegui. E daí, em Marília, quando voltei, entrei de vez na missão. Reuni um grupo de jovens e formamos um ministério que chamava à época Línguas de Fogo. Nós tínhamos um grupo de oração às quintas-feiras na igreja e que saía nos finais de semana para pregar em algum lugar, em uma cidade, e o ministério foi se fortalecendo. Nós íamos, fazíamos essa evangelização querigmática e víamos o efeito que dava na vida das pessoas. O querigma dava sentido à vida das pessoas. E ali para mim, no ano de 1995, foi que eu consegui compreender a vocação como resposta generosa, um chamado. Deus não estava me cobrando de nada, e eu consigo compreender duas coisas muito grandes na minha vida, que são o plano de salvação e a questão da fé. Então, o plano de salvação, que na verdade é o único projeto que Deus fez, porque as pessoas falam que Deus tem um plano para você. Eu acredito nisso, mas é preciso saber que, quando falam que Deus tem um plano para você, não é uma coisa assim como Deus sentou na mesa e escreveu um negócio para você ser feliz. Isso não existe na minha cabeça. Existe para mim o plano de salvação que ele falou: "Vou dar meu Filho para morrer pelos seus pecados, para salvar a humanidade". Através desse plano de salvação é que acontece o plano da sua vida. Então não tem, por exemplo, Deus ter um plano para mim fora disso. O plano de Deus é a salvação da humanidade. É assim que eu vejo, que eu enxergo e até pela Sagrada Escritura e pela Igreja. Por que eu estou falando isso? Porque tem uma palavra na Bíblia que diz que Jesus reuniu todas as coisas nele, as que estão no céu e as que estão na terra, então isso é muito importante. Ele é o centro de todas as coisas. E por que foi bom entender isso? Porque eu não conseguia entender por que outras igrejas chamam o fiel para um projeto pessoal. Elas pregam: "Vem aqui para você pagar suas contas"; "Vem aqui para você resolver seus problemas, para você casar, para você ser libertado de uma maldição". Eu não acho isso bom. Aliás, eu não acho isso nem verdadeiro, porque o plano de salvação é mais amplo. Então, quando a pessoa aceita Jesus como salvador da vida dela e ela se coloca dentro desse projeto salvífico e caminha no caminho da verdade e da vida, ela vai se encontrar como pessoa, profissional, família. Ela vai realizar sua vida plena dentro do projeto de salvação. Deus disse: "**Eu vim para que vocês tenham vida e tenham vida em abundância**". Então eu compreendi isso ainda muito novo. E o que era fé para mim? A fé não é uma resposta que Deus dá para mim. A fé é uma resposta que eu dou para Deus. Há uma armadilha muito grande na cabeça das pessoas de que a fé as salvará de muitas coisas. E quando não dá certo, reclamam de Deus: "Ah, Deus, estou na igreja e por que a minha maçã ficou podre?"; "Ah, por que bateram no meu carro?", e por aí vai. Algumas até dizem assim: "Agora eu tenho fé, nada de mal acontece comigo". Porque parece que a fé é uma coisa que Deus te dá para você se isentar, e, na verdade, claro que a fé é um dom de Deus, mas a fé, quando se manifesta em mim, é muito mais uma resposta. Entendo que a fé não é Deus que diz para mim, sou eu que digo para ele: "Olha, eu acredito em você mesmo que, além de, apesar de". Não é "até que minha mãe morra", "até que eu sofra um acidente", "até que eu perca o emprego".

Não é uma condição, né?

Exatamente! Uma fé incondicional, e isso estava latente dentro de mim. Fé é uma resposta, e eu tenho que dar uma resposta para Deus de tudo que Ele fez na minha vida, mas não só o que Ele fez para a minha mãe. O que Ele fez por ter nascido, por ter vivido, por ter morrido, por ter ressuscitado, pelo que Ele fez na cruz. E aí eu me deparei com a história de Santa Teresinha do Menino Jesus, padroeira dos missionários. Eu me encantei pela espiritualidade, pelo jeito, pelas falas, e ela que falava que nós não podemos fazer as coisas para Deus a fim de ganhar o céu nem para fugir do inferno. Nós devíamos dar uma resposta pelo que Ele fez na cruz. Ela dizia isso. Então aí que nasceu minha vocação. É uma resposta generosa, amorosa, de tudo aquilo que eu via Deus fazer por mim a partir da cruz. E eu tenho que ser muito sincero e honesto nisso, quando você diz sim a Deus, então é como o sim de Nossa Senhora, por exemplo, que para nós é a referência maior. O Evangelho de Lucas foi escrito em grego e a palavra "sim" em grego vem da palavra *Genoíno*, que significa "eu vou". Não significa só "eu aceito", é diferente. Claro, não me comparando a Nossa Senhora, mas esse "sim" do "eu vou". E eu fui me envolvendo e carregando todo mundo comigo. Levei minha namorada e minha mãe, e ela começou a se abrir também para o ministério e ver que era uma coisa muito séria, que não era mais aquela empolgação de criança, de jovem, aquele fogo, e as coisas começaram a acontecer concretas, quer dizer, daqui a pouco você está com estrutura. Nós tínhamos ônibus, tínhamos som, tínhamos galpão. Nós tínhamos coisas concretas. Tinha uma agenda grande, compromissos, uma igreja lotada de quinta-feira, mais de mil pessoas. Aí todo mundo olhou para aquilo e sentiu que estava acontecendo alguma coisa. Os frutos começaram, as respostas, as consequências do trabalho. Acredito que o início da vocação foi aí, e depois, em 1995 mesmo, eu conheci o Daniel, que é o cara que fundou comigo a **Missão Louvor e Glória**.

E como foi a fundação da Missão Louvor e Glória?

Em 1995 eu reuni esse grupo de pessoas para fazermos um trabalho de intercessão para evangelizar e rezar pela cidade de Marília. Tivemos conhecimento na época do **Projeto Evangelização 2000, organizado pela Igreja Católica em escala mundial**, e nós assumimos esse trabalho lá em Marília. Casa em casa, porta em porta. Não éramos nós que assumíamos, havia outros coordenadores, mas éramos nós que estávamos lá envolvidos, de porta em porta; os grupos saíam de dois em dois e íamos rezar pela cidade. Mas precisávamos de mais estrutura. Precisávamos de uma banda, de músicos, e como eu já tocava, conheci o Daniel que tocava também e cantava. Formamos, então, a primeira banda.

Vocês já eram amigos assim?

Nós éramos só conhecidos. Ele gravou uma fita cassete, na época era cassete, com músicas para vender. Eu também gravei uma sozinho, chamava Novo Dia, foi o primeiro trabalho meu. Isso tudo em 1995. Aí, em 1996, nós resolvemos gravar um trabalho juntos, que foi o CD chamado "Louvor e Glória". Havia duas intenções com o CD: primeiro, nós nos unirmos, eu e ele, para divulgar nossas músicas. E depois, conseguir recursos para o ministério, porque uma das coisas que nós não conseguíamos nessa época da Igreja era ajuda financeira nem muito crédito. Porque a Igreja também, eu entendo, era muito reticente. Aquela coisa assim: "Vai lá e nós vamos ficar olhando de longe e ver no que vai dar". Nós não nos sentimos desprezados, de jeito nenhum, mas também não éramos apoiados, acreditados. Eu também entendo, porque nós fazemos parte de uma diocese bem conservadora, o clero bem conservador.

Rodrigo, como que foi esse conservadorismo para vocês? Como foi lidar com isso?

Foi bastante sofrido. Porque os diálogos eram difíceis. O bispo da época era o **Dom Daniel** e em seguida foi o **Dom Oswaldo**. Realmente foi sofrido, porque havia essa questão da pregação, por exemplo. E a dúvida era: "qual o preparo teológico que um jovem desse tem? Para sair pregando, para sair falando de Deus". Então há um lado que eu entendo. Uma preocupação normal. Mas também nós estamos falando de uma Igreja secular. Eu entendo tudo isso, o zelo, sabe? Eu acredito que os bispos tinham a preocupação de que tivéssemos um acompanhamento dos padres. E, na época, aconteceu algo interessante, porque nosso grupo de oração era na capela do Seminário de Teologia, às quintas-feiras. Então, imagine você que o **reitor do seminário** não combinava muito com essa história. Na verdade, não gosto de dizer que ele não gostava, mas é que, como tinha essa espiritualidade carismática efusiva e era muita oração, grupo de oração e tal, e era um seminário de formação, havia algo diferente ali. Os seminaristas ficavam assistindo e alguns gostavam, queriam participar, e então começou a chocar com a formação deles. Eu até entendo. Hoje nós somos amigos, eu e esse padre. Penso que até nos dias de hoje isso aconteça. Imagine, você vai a uma paróquia, tem lá o padre que é formado em Teologia, Filosofia, sistemática, tudo, dez anos estudando, aí vem um cara, reúne uma multidão na igreja dele, pregando... É complicado. É difícil.

Depois disso, que outro tipo de formação que você fez que marcou sua vida?

Foram os estudos mais esporádicos. Fiz as Cartas de Paulo, lá no Instituto de Aparecida do Norte, com o Dom Terra, que era na época o bispo de Brasília e foi o presidente do Instituto de Teologia de Brasília. Houve também os congressos, estudos bíblicos e outros. Mas não era aquela teologia para seminarista, por exemplo, com a faculdade de Teologia. Depois tive a graça de estar ao lado de alguns padres que me ajudaram muito nessa formação. Padre Maurício, por exemplo, que tinha muito conteúdo a respeito de formação da Igreja, magistério e vida dos santos. Estudei os documentos da Igreja, a apologética, que é a justificação em defesa da fé católica.

E dentro do ministério, vocês começaram a partir da Nova Evangelização ou seguiram em paralelo?

Nós fomos nos ajustando. Quando se deu o conhecimento da Nova Evangelização, nós percebemos que tínhamos uma atitude muito próxima. O Dom Oswaldo fala isso, acho bonito nele, que o Espírito Santo não erra. Então, Ele foi colocando no nosso coração o chamado, o desejo, foi colocando no nosso coração o ímpeto, o fogo, mas ao mesmo tempo nos trouxe a forma certa da Nova Evangelização.

E vocês iam, a princípio, trabalhar com música?

Era música, mas como o meu primeiro chamado era pregação, os nossos *shows* eram muito evangelizadores. Tínhamos muita evangelização durante as músicas, e durante cinco anos trabalhamos assim: retiro durante o dia e *show* à noite.

E como é que vocês se mantinham financeiramente?

Então, aí começou o desafio. O CD vendia, mas não na quantidade que nós precisávamos para manter todo mundo. Pensamos em cobrar um cachê, mas isso na época foi muito sofrido. Porque, veja só, uma das dimensões do dízimo é missionária. Então, seria o certo, vamos supor assim, que se tirasse desse dinheiro para pagar um evento missionário ou qualquer grupo missionário. Mas o dízimo das paróquias quase não dava para manutenção das atividades rotineiras. Tudo apertado. Então, a lógica era produzir CD mesmo e, do CD, fazer camiseta, chaveiro etc.

Mas atualmente já há esta condição de as paróquias custearem os eventos...

Hoje, graças a Deus, já está implantado, com bons olhos até, mas naquela época era difícil até para nós mesmos. Porque muitas vezes nós tínhamos que ir, por exemplo, para Santa Isabel do Ivaí, no Paraná, ou a Nova Chavantina, divisa do Pará com o Mato Grosso. Nós íamos com recursos do próprio bolso. Só que faz a conta: para chegar a Nova Chavantina tínhamos um ônibus próprio. Saíamos na quarta-feira para chegar lá na sexta e começar o encontro. Chegava em casa, saía de lá na segunda-feira e chegava na quarta. Como que nós vamos trabalhar? Quem vai dar esse serviço para nós? Então começa a ir para o Maranhão. Agora, qual o problema? Muitas vezes a cidade não tinha recurso, mas a vontade de ir era tanta que nós fazíamos os movimentos e íamos. Só que aí começou a acontecer o quê? Falava que pagava só as despesas, mas começou a ter muito problema com a família dos membros, porque eram muito jovens. Então montamos uma loja com artigos religiosos e uma escola de música na época para os meninos darem aula. Montamos uma rádio comunitária, começamos a vender anúncio e, aí, quase fomos presos, porque rádio sem registro é ilegal.

Rodrigo, depois de muitos percalços, quando foi que o Ministério Louvor e Glória se estabilizou?

Bem, em 1996 nós lançamos o CD. Saiu como banda Louvor e Glória. Cantávamos em congressos e encontros e já estávamos fechando o contrato com a gravadora Codimuc, que na época era uma gravadora bem conceituada no mundo católico. Conseguimos comprar um ônibus, instrumentos, som, iluminação, demos um *boom* nessa época, mas em novembro de 1998, com um ano e oito meses de casamento e uma filha de seis meses, a Érica, minha esposa, morreu. Isso foi arrasador, a parte mais difícil de todas. Fora que eu cheguei a um estado de muito sofrimento.

Quanto você questionou nessa hora?

Aquele questionamento normal, porque foi assim, estava tudo bem. Até então, de 1993 até 1997, foram os anos de organizar na cabeça o chamado vocacional, de convencer a família toda que iria dar certo. Quando eles viram o contrato com a gravadora, ficaram mais tranquilos. Só que aí a Érica morreu e mudou tudo, né? Então o questionamento foi esse: "Poxa, você me chamou para isso?". Não era nem porque ela morreu. Mas foi por isso que eu falei anteriormente que o plano de salvação me ajudou muito na compreensão de saber que não é só você casar e ser feliz. O plano de salvação vai além disso, ele chega à ressurreição, que é o ápice. Então eu estava triste, estava muito triste, porque foram cinco anos de namoro dentro de um conceito cristão, católico, de castidade, de casar lá no altar virgem, e aí ficar um ano e oito meses, é o tempo de nascer minha filha e ela morrer. Então veio aquele questionamento. Acabou tudo! E o Daniel veio falar comigo: "Acabou tudo, né?". Eu falei: "Acabou!".

Então você chegou a ter esse pensamento?

Sim. Pensei: "Agora a minha filha tem seis meses e eu vou ter que arrumar um serviço, minha mãe tem que ficar durante o dia com ela para mim e à tarde eu a pego, fico em casa e vou seguir a vida até ela crescer e, quando ela crescer, eu penso de repente em voltar". Fiquei muito triste, abalado.

Quando você fala "acabou tudo", acabou tudo em relação ao trabalho ou a fé ficou?

A fé ficou. A fé para mim é inabalável. Deus é bom, Deus é fiel. Fui à capela rezar. Eu estava muito mal, chorei, mas em nenhum momento eu duvidei, por isso que eu falo a importância de você ser evangelizado. Porque sabe que, quando a morte chegou, ela causou aquele estrago da dor, da perda, da saudade, da tristeza, isso não teve jeito. A explosão aconteceu, cheia de fagulhas, de coisas, o impacto te levou para trás, mas você está vivo. A compreensão que você tem da morte passa pela compreensão de que você tem do céu. Não é uma fábula, um conto. É uma fé madura. Você é evangelizado. Então eu fico pensando o quanto isso fez diferença na minha vida, porque eu vou muito a velório. Por causa do que aconteceu comigo as pessoas me chamam. Eu vejo o desespero em que elas estão, mas vejo que há dois níveis aí. O que eu falei, o impacto da morte sentimental, a saudade, a dor, que é inevitável. Se alguém falar que não sente, é mentira. Você pode odiar a pessoa, ela morreu... Só que esse outro lado que eu vejo do desespero é de perder o sentido. Eu falo isso no meu testemunho, a fé, ela não é uma resposta técnica, porque minha esposa morreu. A fé é um sentido que você descobre mesmo depois de toda dor da morte. Então a fé não me trouxe respostas, a fé me trouxe sentido. Quer dizer, eu conto até uma história do testemunho de um cara que foi fazer o último curso dele, a última prova dele em Medicina. Era a última prova dele. O professor falou assim: "Você vai ser médico, mas, se você tirar nota máxima, eu te dou minha filha para casar. Você vai ser o meu sucessor. Aqui você vai ser o cara, eu vou te dar tudo isso". E projetou o cara. E ele se preparou, estudou como ninguém para tirar nota máxima e ele não foi bem no teste, ele não tirou a nota máxima. Nisso o médico chegou e falou para ele esquecer. Ele até se formou médico, mas aquela promessa anterior fez com que ele perdesse o sentido da profissão. Porque a lógica não estava em ser médico, mas em casar com a filha do cara, ser o sucessor do cara, ser o diretor do hospital, ter uma carreira promissora. E aí, o que ele fez? Ficou arrasado. Um dia, chegou alguém nele e disse que ele era médico. "E daí que eu sou um médico? Não tem sentido, eu queria era aquilo." Para ele, ter aquelas coisas era mais importante do que ser médico. Até que um dia uma pessoa apareceu para ele e falou assim: "Olha, você não quer ajudar na África? Ser um médico na África para ajudar lá?". Ele não estava fazendo nada mesmo e foi. Chegou lá, ele redescobriu o sentido de ser médico. Aí, começou a trabalhar, montou instituto, foi diretor, aí, quando ele estava no ápice, as pessoas começaram a acusá-lo de que ele estava lá por dinheiro, que ele estava querendo ganhar dinheiro. Aí armaram uma coisa lá para ele, tiraram-no da diretoria e o expulsaram do país. Ele voltou para o Brasil sem sentido de novo e aí ele teve que redescobrir o sentido outra vez, e nisso a história vai. Então eu gosto de contar isso, porque é exatamente isso. Você é filho de Deus não por causa disso ou daquilo, mas por causa de Deus. Não porque você vai ganhar um copo d'água ou você vai casar com uma pessoa boa ou você vai ter uma vida boa, dinheiro, porque pode acontecer de você perder, da pessoa morrer, de alguém te trair, pode acontecer do projeto não dar certo. Você vai deixar de ser jornalista ou deixar de ser cristão porque não deu certo o seu projeto? Não! Você vai ter que redescobrir o sentido.

Então você diz que nós vivemos uma eterna redescoberta.

Sem dúvida!

E há uma segurança também nessa redescoberta.

Exatamente! Aquela hora em que eu falei com o Daniel, o Daniel ficou desolado, porque, por causa de mim, acabou para todo mundo.

Rodrigo Ferreira

Eu era o vocalista principal da banda, o cara que pregava. Não estou dizendo que eu sou insubstituível, longe disso. Era naquele momento. Eu sabia que, se eu não fosse, eles não iam. Eles falaram que tinham acabado para eles também e iam desfazer as malas. Mas, olha, eu falo que Deus foi muito misericordioso comigo, porque, mesmo todo frágil do jeito que eu estava, quebrado, arrebentado, veio toda essa questão do sentido da fé. Eu falei: "não, isso não vai parar. Amar a Deus sobre todas as coisas, com toda a sua força, sua alma, seu entendimento". E aí naquela época me veio isso. Então, se você olhar minhas músicas tem muita música com a palavra "quero", o verbo querer. Então eu falava para Deus: "Eu não sei se eu posso, eu não sei se eu vou, não sei se eu consigo, mas eu quero. E o que eu quero hoje é continuar". Então eu via que eu tinha fé mesmo. Nesse tempo eu vi, eu tenho fé. Porque eu não briguei com Deus, não fiquei zangado.

Você tocou em um ponto que muita gente, quando passa por uma situação dessa, acaba automaticamente acusando a Deus ou a si mesmo. Como é essa compreensão?

Porque essa linha da culpa interior foi talvez mais difícil para mim do que a culpa para Deus, porque eu não estava lá, porque eu sabia que eu a estava sacrificando por um lado, porque a nossa vida era muito estreita financeiramente falando, estruturalmente falando. Nós morávamos de aluguel, uma vida bem simples, mas com muita dignidade. Eu sabia que nós estávamos nos projetando para algo maior, eu falava para ela que nós estávamos construindo e ela apoiando forte. Eu me culpava, falava que eu não consegui dar para ela uma vida melhor, não consegui estar aqui na hora da morte dela. Só que isso foi também por um tempo, e eu me lembro de que um padre veio me visitar, o padre Hércules. Por isso que eu falo da figura do evangelizador. Não é uma figura endeusada, mas é uma pessoa humana que não tem nada místico, ele tem um significado na vida da pessoa muito importante. Aí quando ele chegou, eu lembro que ele leu a Palavra para mim de João, 9, quando os discípulos perguntaram para Jesus se aquele cego era cego porque os pais haviam pecado ou porque ele pecou. Ou seja, que mal que eu fiz para Deus para isso acontecer, ou seja, tem sempre uma penalidade, um castigo. Jesus fala: "nem uma coisa nem outra". Mas eu confesso que eu já tinha lido aquilo um milhão de vezes e nunca tinha reparado na resposta de Jesus. Não, ele não é cego nem por uma coisa nem por outra. Nem pelo pecado dele nem dos pais. Ele é cego para que a glória de Deus se manifeste na vida dele. Aí eu fui entender o que é a glória de Deus, e a glória de Deus está além disso, de um benefício para si, só para mim, é um benefício muito maior. Então a questão dos males que vêm para o bem está aí. A questão de tirar uma coisa boa de algo ruim está aí. Minha esposa morreu na quinta. Na sexta foi sepultada e terça-feira eu tinha uma pregação em Ourinhos. O frei me ligou e falou: "Olha, meu filho, você não precisa vir". Eu falei: "Eu não vou para pregar, eu quero rezar, eu quero ir aí participar". E eu fui, cheguei lá, sentei num cantinho com a Victória no braço e com a minha mãe, mas o frei não se conteve na hora do Evangelho. Ele me chamou e aí eu não estava preparado. Eu fui para rezar, eu precisava rezar, mas, quando eu peguei o microfone, você não imagina o rebento que foi aquele dia, e eu comecei a testemunhar isso tudo, da fé, da esperança, do amor, da força de Deus, que Deus ama você, que por mais que as coisas não estejam boas... E foi uma noite maravilhosa. Aí eu percebi que esse é o plano de salvação. Ele salvou o mundo pela dor, e eu percebi que nós poderíamos participar disso. É um grande mistério. A questão da fé te move e não há uma explicação interior.

Mas é difícil que o leigo compreenda situações como a que você colocou, de que o cego é cego para a glória de Deus.

Jesus falou que, se não for para crer nas palavras Dele, que creiamos pelo menos nas obras. Então vamos entender aqui a hierarquia do poder. Deus não é Deus porque Ele pode curar. É ao contrário: Ele cura porque é Deus. Pode fazer ou não fazer, certo? Mas é para confirmar, nunca para provar. Ele mostra, revela, confirma. Ele cura os cegos para dar a oportunidade de verem as obras. A confusão vem porque, naquela época, quem tinha algum grau de deficiência era considerado, sim, um amaldiçoado. Eles tinham uma lista de enfermidades dentro do **Judaísmo** que mostrava quem era o cara castigado e pecador. Então Jesus muda a história, ou seja, Deus mostra a glória Dele ao mostrar que nenhum mal é invencível. Tudo pode ser superado ou, pelo menos, suportado pelo amor de Deus. Penso que é bom entender o verbo "suportar". Se não dá para você superar, suporta, porque suportar é uma maneira de superar, não é? E hoje em dia o que a sociedade está fazendo com as pessoas? Você tem que superar, e o cara não consegue, daí entra em depressão e vem o pânico. O pânico não é porque ele não supera, é porque ele não aprendeu o terceiro verbo, suportar, e suportar é uma maneira de vencer. Veja, eu tive que suportar o fato de ficar viúvo, como aquele cara teve que suportar a cegueira. E Jesus faz mais porque o mundo está repleto de pessoas que suportam suas dores. Então o nosso primeiro CD se chama "**Louvor e Glória**" não por acaso. É um CD de louvor, de alegria. O segundo CD se chama "**Deus é Fiel**". A minha esposa morreu em novembro de 1998, e em 1999 eu lancei o "Deus é Fiel". Mas Deus é fiel por quê? Porque ele não muda por causa do que acontece. A nossa fé não é circunstancial. Ou seja: de acordo com a circunstância, minha fé aumenta ou diminui. Não! É uma fé essencial que vem do que Ele é. Eu creio no que Ele é, não no que acontece, e o que acontece nem sempre depende do que Ele é, nem sempre. Aí tem a escolha do homem.

Isso é um fato importante, porque há pessoas que costumam culpar a Deus por algum problema.

Por isso que, quando alguém chega para mim e fala que tem sorte pela filha, filho ou família que tem, eu falo que não existe sorte. Existe a graça de Deus e as escolhas boas feitas, porque, do mesmo jeito que nós não atribuímos o mal a Deus, tem o bem, claro, que vem de Deus, mas que você acertou, você fez a coisa certa. Não estou querendo dizer que a glória é minha, a glória sempre é Dele, mas você foi pelo caminho certo, você fez aquele movimento justo. Então eu penso que Deus é fiel, por isso, é imutável. Ele não muda. Você pode fazer o que quiser, pecar, cair, blasfemar, Deus vai ser Deus sempre. Como começa o Credo da Igreja? "Creio em Deus Pai". E onde ele termina? "Na vida eterna, amém!" Isso não muda. Então Deus é teu pai, não vai mudar. Absolutamente nada vai mudar nisso. Aí a segunda palavra é: todo-poderoso. Hoje em dia, valoriza-se muito aquele que pode tudo. Mas o Pai também fala não, às vezes não faz nada, silencia... Porque Ele sabe que você precisa. A questão é que, se deixar por esta condição de todo-poderoso, cria-se uma espécie de semideus dentro de mim. Ele faz você achar que tudo pode naquele que te fortalece, mas não é desse jeito. A questão da glória de Deus é que Ele pode, através de uma enfermidade ou de um problema, revelar quem Ele é para as pessoas crerem nele. Porque a pergunta que ele faz para o cego é interessante. Depois que o cego vê, ele não sabe quem o curou. Então Jesus encontra com ele e fala assim: "Você crê no Filho de Deus?". Aí o cego pergunta para ele, na mesma passagem: "Quem é Ele para que eu creia?". Jesus fala: "Ele está diante de você". Ele viu: "Então agora eu sei quem é você". É para isso que serve. Eu acredito nisso piedosamente e a Igreja também, que Deus pode pegar uma dor de uma pessoa, uma história sofrida, uma história de dificuldade, uma exclusão social, e fazer disso um bem maior.

Aí vem aquela concepção de que Ele não evita, né?

Exatamente! Ele muda o final. Essa concepção é importante e eu vou dizer uma coisa para você: eu seria muito desonesto se dissesse que eu tenho uma capacidade de resiliência muito grande. Não! É graça, é puramente graça. Todos os dias é você ser invadido por uma coragem, pelo Espírito Santo. Aquele Espírito Santo que eu conheci quando era jovem me dando graça, coragem, amor, alegria, unção. Às vezes eu me sentia assim: "Poxa, eu devia estar pior". Eu me cobrava, eu devia estar prostrado. Por que eu não estou chorando? As pessoas me cobravam isso. "Você não acha que está muito borbulhando, não?". Falavam assim! Padres me falavam: "Você não acha que está muito efusivo? Viva seu luto". Mexia comigo isso. Mas como, se na minha cabeça eu estava superando, nadando a braçadas? Eu encontrei um sentido que Deus me deu, que foi a missão. Então foram oito anos cuidando da Victória e da vida missionária. Oito anos. E nesses oito anos, eu viajei para mais de 20 países.

Rodrigo Ferreira

Rodrigo, eu queria ouvir um pouco mais da sua compreensão sobre ressurreição.

O princípio de tudo para mim é a frase de Jesus para Marta e Maria, irmãs de Lazáro: "Eu sou a ressurreição e a vida". Por que isso para mim muda tudo? Porque a ressurreição, então, não é um evento, não é um acontecimento, ela é uma pessoa. "Eu sou a ressurreição." Ele não falou: "Eu faço!". "Quem crer em mim, mesmo que esteja morto, viverá". Então a concepção de ressurreição para mim não é um evento, não é um acontecimento em si, porque há uma diferença entre você ressuscitar e reviver. Então a pessoa pode ser muitas vezes só reviver. Lázaro reviveu. Ele voltou às atividades humanas no organismo dele, mas ele voltou a morrer outro dia. Mais para frente, ele voltou a morrer. **A ressurreição para mim é o grande evento da passagem da Páscoa, ou seja, é a grande pessoa da Páscoa, que é Jesus.** Não é só um acontecimento, tipo eu morri, agora vivo. É mais do que isso. É a pessoa de Jesus. Então quem crer em mim, quem estiver comigo, mesmo que morrer, viverá. Então eu penso que, a ressurreição, ela passa por essa definição, ela é alguém. É como a felicidade, como a paz. Dizer "eu sou a paz" é diferente de dizer "eu tenho paz", é diferente de dizer "eu sinto paz". Eu sou a paz. Se você tem Ele, você tem a paz. Então, se eu tenho Jesus, se eu vivo a minha fé em Jesus, independentemente dos acontecimentos, dos aborrecimentos, das realidades desconjuntadas que estão ao meu redor, alguém morrer, perder emprego, alguém me roubar, eu tenho Jesus. Então João, 16, ele fala assim: "Vocês vão chorar e o mundo há de se alegrar, mas mais um pouco de tempo vocês vão voltar a ver e ninguém e nada tirará a vossa alegria". Ou seja, Jesus é a ressurreição. Nada nem ninguém pode tirar a vossa alegria. Não vai conseguir, porque Ele é a ressurreição. Ele é a vida plena. Ele é a vida eterna. Por isso que eu falei que o Credo, ele é perfeito nesse sentido. O Pai me leva para a vida eterna. E quem é o grande pontífice disso? Jesus. Ele é a ressurreição. Ninguém vem ao Pai, senão por mim. Eu sou o caminho, a verdade e a vida. Nessa questão da ressurreição, é claro que existe um mistério grande aí no sentido do acontecimento, da forma.

O que vai ser? Depois da morte...

Exatamente! E é um mistério grande, né? Nós não conseguimos adentrar.

Por que as pessoas tentam enxergar a vida eterna a partir de uma materialidade?

E não é isso. E também o problema da ficção, de fazer alegorias, de imaginar a partir do que eu sou. Também não culpo as pessoas, porque, qualquer coisa que você vai imaginar, vai ser a partir da sua realidade, espaço, tempo, daquilo que você conhece de forma. Então, quando a Bíblia fala sobre ressurreição, em Coríntios, 15, que é o texto que mais fala de ressurreição, está que o homem corruptível vai se transformar em incorruptível, corpo animal por corpo glorioso. Em um abrir e fechar de olhos, todos seremos transformados, mas é difícil você saber dessa dimensão, explicar isso fisicamente, então é uma coisa além, fora, transcendente. Eu acho que as pessoas se iludem muito, elas são muito fantasiosas nesse sentido. Eu dou muito com isso, porque, pelo que eu passei, as pessoas me perguntam se vão se encontrar com as pessoas lá, se vão vê-las, se vão abraçar. Só que você está pensando isso dentro da dinâmica física, corpo, e não é. É muito difícil você tirar isso da pessoa. Costumo dizer às pessoas: "Olha, existe a comunhão da alma, e a alma é eterna. A alma não morre, porque ela está dentro da pessoa. Então se essa alma ressuscita com Cristo, então provavelmente essa alma é alguém, ela tem uma identidade. Agora ela está dentro do corpo, ela vive as dimensões do corpo. Então, depois que ela vai ser revestida do corpo glorioso, ela não vive mais essa dimensão de carência, de necessidade". Então quem está lá no céu não está sofrendo. Imagina uma mãe que morreu e deixou os filhos? Está no tormento se ela sente saudades? **Eclesiástes, capítulo 4,** fala isso, que, quando uma pessoa morre, não tem mais ódio, saudade, lembrança, quer dizer, os sentimentos da vida presente, eles não existem mais, mas isso não significa que você não pode ter um tipo de reconhecimento, porque existe o significado na vida, a vida não é uma coisa inerte nem inútil e a vida está na alma. Claro que tem vida no corpo, tem célula, tem vida, mas tem vida na alma. Essa vida da alma pode existir em um tipo de comunhão em que as pessoas podem se identificar e a Igreja acredita nisso, mas não se identificar, por exemplo, com a questão da alegria do ser, da alma, porque aqui na terra tem... Os Saduceus não acreditavam em ressurreição, eram um grupo dos judeus, do Judaísmo. Eles questionaram Jesus uma época. No Evangelho de São Mateus há o trecho da mulher que se casara várias vezes e depois de morrer ela ficaria com quem? Com ninguém. Veja que Jesus coloca uma dimensão nova da criação. A humanidade vai passar.

Ela fica aqui, neste plano...

Exato! Então veja que Jesus dá uma revelação fantástica. Seremos não um anjo, mas como anjos. Porque nós temos a nossa criação humana, mas a humanidade, ela permaneceu e foi; a alma que é divina. Santa Teresa falava isso: "Diviniza-me". O que é me divinizar? Essa expressão que ela usava criou um certo desconforto na Igreja. "Diviniza-me". Mas como assim? "Me torna uma deusa?" Não! Diviniza-me no sentido de eu ser mais alma do que corpo. Mais de Deus do que humano. Buscar as coisas do alto. Então essa questão de você ser abençoado com a graça de ser divinizado, não se tornar uma divindade, mas de você ser mais de Deus, da sua alma estar purificada, estar abençoada. Então eu acredito muito nisso. Eu vejo que a ressurreição tem essa face. Agora é difícil você, por exemplo, toda vez que entra em questão, uma pergunta, uma discussão, sempre vem na área mais humana. Eu vou reconhecer, eu vou ver. Havia até uma dinâmica que nós fazíamos que eu falava que era perigoso. Nós falávamos: "Feche os olhos, pense na pessoa que você menos gosta, que você tem raiva, você tem dificuldades. Aí agora você vai para o céu, vai ver Deus e Deus tem o rosto dessa pessoa". As pessoas choravam, mas eu falava que isso era perigoso, porque você vai criando um conceito.

Percebemos que essa busca pela materialidade nesse campo é desde sempre, até porque é natural do homem. Agora, isso hoje, vamos colocar no nosso mundo contemporâneo, neste mundo que está veloz demais, neste mundo que preza muito por esse individualismo, essa questão de consumo. Está mais forte e está muito mais complicado o trabalho de vocês, por exemplo, de evangelizar?

Eu sinto até uma opressão. Existem dois — não sei se o que eu vou falar agora está dentro do contexto —, mas existem dois grandes desafios que nós temos que lidar e você pode ver isso pelas literaturas, pelos filmes, por tudo que possa ser explicado. O homem tem sede de saber sua origem, e até hoje, naquele filme **Prometeus (20th Century Fox, 2012)**, por exemplo, que é uma loucura você pensar que aquilo possa existir, mas nós sabemos que existe gente que quer chegar a esse ponto, que quer mudar de planeta para saber de onde veio. Ele quer saber sua origem, para ele é pouco dizer assim: "Deus criou". É pouco. Por isso que eu falo que a evangelização e a fé fazem muito bem para a pessoa, porque Deus nos criou, mas quem criou Deus? Aí vai à Bíblia, busca no livro de Gênesis e o livro de Gênesis não tem, ele é vago e, outra, ele não é um livro científico. A Bíblia não é um livro de Ciência. Então você vai estudar os autores e são vários autores que há em Gênesis; então você vê que ele não quer dar uma explicação científica, ele quer apenas colocar Deus no início de tudo. Só isso. No princípio era Deus. Para a fé isso basta, mas para a ciência não. Então as pessoas têm essa necessidade, mas só que eu estou vendo que está mudando um pouco. As pessoas não estão mais tão interessadas em saber do início como era na época de Charles Darwin e outros, mas agora está na outra ponta, agora querem saber o fim. Então não importa, porque teorias e teorias já vieram e foram derrubadas. A pessoa fica nisso de querer saber o fim e aí que nós estamos enfrentando as dificuldades, porque a pessoa, sabe, ela sente que está acabando, ela sabe que tem um fim. Então como vai ser meu fim? E aí que entra a grande graça de Jesus, porque eu creio na vida eterna, ou seja, o fim que realmente existia, chamava morte, porque a morte não é a morte de simplesmente morrer, dormiu, acabou. Isso vai acontecer inevitavelmente, mas é o que vem depois. Então não existia nada depois, para o homem não, a morte era o fim. Jesus veio e abriu, rompeu. Isso é a ressurreição. Então não tem fim mais, é a eternidade. Então o demônio, sabendo que não poderia romper o início, ele tenta colocar um fim na história humana. É isso que as pessoas precisam entender: o que é pecado? Pecado não é impedir o início, porque não pode, o diabo não estava lá no início, mas é poder colocar um fim em você. Então por isso está escrito que **o inimigo veio para roubar, matar e destruir. Ele rouba, mata e encerra. Jesus veio para quê? Para que esse portão fosse aberto, e rompeu: por isso ele desceu à mansão dos mortos, ressuscitou ao terceiro dia,** e aí com ele todos ressuscitam. E a morte é só uma passagem. Então não tem fim mais. Só que agora, por outro lado, tem um problema aí, de não saber para onde vamos. Qual será nosso destino? O inferno ou a condenação eterna? Porque Jesus fala das duas realidades.

Há um questionamento muito grande de nós, leigos, sobre a passagem pelo purgatório. Essa questão: "Olha, eu creio na vida eterna, eu faço o bem, minha vida é reta, é justa." Mas há o questionamento: "Será que eu passarei pelo purgatório ou não?". O que é possível dizer para as pessoas em relação a isso?

Tem uma passagem em Apocalipse que fala que o sangue e a carne não podem participar do reino dos céus, do reino definitivo, da eternidade. Isso fala do sangue e da carne no sentido de impureza. Então a Igreja, no decorrer dos anos, ela entende que não existe só impureza no corpo. Por isso que a pregação é muito importante nesse sentido de evangelização, porque se fala muito da impureza da carne, luxúria, prostituição, drogas, alcoolismo... Mas e as impurezas da alma, a inveja, a preguiça, a mentira, a raiva, o ódio? Essas impurezas estão na alma, não estão no corpo. Por exemplo, você não pega ódio como se fosse uma doença. Você manifesta ódio. Aliás, esse pensamento é uma evolução que o trabalho de evangelização me traz e que as pessoas que estão pregando estão começando a perceber, porque antes se batia muito em drogas, carne, prostituição, no pecado da carne. Agora, os evangelhos têm esses traços e as cartas dos Apóstolos também, por exemplo, tem carta de Paulo, de Pedro, de Tiago que falam do pecado da língua. Aí ele fala, por exemplo, a questão da concupiscência da carne e a soberba da vida, duas coisas. Nunca você vai encontrar redundância na Bíblia, não tem. Mesmo que você encontre uma mesma palavra, ela quer falar outra coisa. Então ela não está falando a mesma coisa. A soberba da vida é a impureza da alma. Aí você vai recorrer aos textos originais do grego, você vê que a palavra que ele usa é se referindo às impurezas da alma. Quando você vai para esse lado, você começa a perceber que existe um purgatório, um purgar já aqui em vida, e a Igreja reconhece isso. Os sofrimentos que você passa, as próprias dificuldades, as coisas que você tem que abrir mão, a abstinência que você tem, abnegações. Você vai passando por sofrimento e isso já vai purgando a tua vida, já vai purificando a tua alma, um processo natural. **Agora a Igreja também reconhece em algumas passagens bíblicas, por exemplo, parábolas que Jesus conta, que dá indícios de que a alma passa por uma purificação para entrar no céu.** Sabe como eu materializo isso? Como eu coloco uma alegoria nisso? É como se você fizesse uma preparação para entrar no céu, por que como que você se prepara para entrar no mundo? No ventre da mãe. Você tem o momento certo para nascer, se formar. Acho que a sua alma tem que ser gestada, acho que a sua alma tem que ficar ali aquele tempo, mas como nós já saímos do tempo, do espaço, então não é um lugar e não tem tempo. Eu penso que é uma passagem. É difícil dizer assim quantos dias...

Não é necessariamente um sofrimento também...

Não necessariamente. **Santo Afonso de Ligório falava muito sobre isso.** Ele tem um livro em que fala sistematicamente do purgatório. E realmente as palavras que **ele usava**, por exemplo, aquela expressão: "Não sairá de lá até pagar o último centavo", essas expressões dão indício de você passar por situações que sua alma precisa passar, mas é compreensível; por que como você vai entrar na eternidade? Por que o que é pensamento na concepção humana? O que é alma? Você pensa, sente e deseja. Essa é a definição de alma que a Igreja dá. A alma em pensamento, sentimento e vontade, mas, se você tem impurezas no pensamento, nos sentimentos e nos seus desejos, como é que você vai entrar no céu com desejo impuro? Como é que você vai entrar no céu com pensamento contrário? Então graças a Deus, por exemplo, hoje nós já vivemos uma realidade dentro da caminhada da fé de fazer coisas que você não gostaria de fazer, ou seja, sua alma já não está para aquilo. Às vezes a carne é fraca e faz, mas por dentro você já não pensa daquela forma.

Mas, quando você percebeu, já fez...

Fiz e daí entra aquele contexto de Paulo, carta aos Romanos, 7–14: "Eu não faço o bem que queria, eu faço o mal que não quero. Já que faço o que não quero, eu faço o que aborrece. Homem feliz que sou, quem me livrará desse corpo que me acarreta a morte?". Ou seja, essa consciência é o que para a Igreja é chamado de santidade. O que é santidade? Quando você consegue alcançar na alma um estágio de que você não queria fazer isso. Agora, veja só, há um padre que acompanho um tempo, o Frei Elias Vela, que tem uma concepção maravilhosa. Ele fala que existem três tipos de pecador, assim como a psicologia também define o doente. Aquele doente que não sabe que é doente e então não faz nada para se curar. Tem aquele que sabe que é doente, mas não faz nada e tem aquele que sabe que é doente e busca se curar. Então isso para mim é fundamental, quer dizer, aquele cara que fala que isso não está certo, eu tenho consciência, eu sei, mas ainda não consigo, não cheguei ainda nesse nível. Então a santidade não é um estágio de perfeição, é um estágio de consciência, de você dizer para si que deve fazer diferente, eu não devo ofender você, eu não devo ser assim, eu não devo falar isso, eu não devo ter essa atitude. Eu acho que é aí que entra a grande graça da evangelização, quando a Palavra de Deus é luz para o caminho, para os nossos passos. Então, quando ilumina a pessoa, **São Jerônimo falava isso, quando a Bíblia entra dentro de alguém, é como a luz que se acende em uma casa.** Aí você começa a perceber o que estava ali e você não viu.

E quanto ao trabalho de evangelização, a santidade é importante porque algumas pessoas são mais céticas, pensam que não chegarão nunca a um estágio de santidade. Mas na verdade é um pensamento errado.

Errado, até porque eu acho que a graça é para todos mesmo, então a pessoa tem acesso à graça, ela não pode se comparar a alguém. Eu vejo que é um caminho. Por isso que eu olho uma imagem, a imagem de Madre Teresa me inspira, me lembra, eu posso ser melhor, eu posso fazer diferente, eu posso abrir mão; então é uma questão assim, eu penso, por isso que você pode analisar o que houve com as comunidades missionárias, isso seja um grupo, uma banda, uma comunidade, uma congregação, nos últimos anos. Olha, por exemplo, as comunidades, quando elas começaram, elas tinham unicamente a intenção da evangelização, de falar de Jesus, mas elas perceberam no meio do caminho que, para a pessoa ter paz, ela tem que ter o comer, ela tem que ter o vestir, ela tem que ter onde morar, porque não existe paz sem dignidade. Não existe, Jesus disse isso. Não tem. "Eu vos deixo a paz, eu vos dou a minha paz, não a paz que o mundo dá." A *shalon*, o cumprimento. Como que eu vou ter um bom dia se eu não comi, se eu não dormi, se eu não tenho coberta. Então, você vê que as comunidades se depararam com isso. Então, tem o exemplo de como é pregar no Japão. Nós fomos lá no Japão para fazer um trabalho com brasileiros. E será que a evangelização pode ser feita também com os japoneses? Ah, mas os japoneses não estão querendo ouvir muito não, eles estão trabalhando, eles são meio budistas, não querem falar de Jesus não. Mas aí você descobre que tem uns japoneses morando na rua, os *homeless*. Por que eles estão morando na rua? Por causa disso, dessa questão. Os pais não querem ficar na casa dos filhos dando trabalho, o país não oferece asilo, porque lá o velho tem que trabalhar até acabar. Acaba indo para a rua, por uma questão ou outra, não teve oportunidade, porque ficou doente ou porque está desiludido. Aí você começa a ir lá falar de Jesus para aquela pessoa e você começa a perceber que, quando você leva um prato de comida, um agasalho, ele vai prestar mais atenção em você pela sua atitude.

Como você canaliza todas as questões pessoais que viveu para a evangelização?

Eu falo disso na missão porque foi uma escola e, quando atendo alguém com situação semelhante, é como se eu a visse por dentro mesmo. A pessoa fica abismada. Como é que você consegue entender, entrar em nós? Por exemplo, eu tenho essa visão de que tudo que eu passei com a minha mãe me ajudou demais a compreender problemas. Eu converso muito com pessoas que têm transtorno, compulsões, problemas de casais, a questão da solidão, da depressão. Eu não posso dizer para você que eu cheguei a ser um menino deprimido, mas eu tinha aquela falta de perspectiva, aquela coisa parada, monótona, não tinha sonhos. Então hoje eu encontro muitos jovens assim, parece que é o mundo em que eu vivi, e aí você consegue compreender melhor, você consegue ter a linguagem adequada. Eu canalizo isso de uma forma muito positiva, eu sempre falo para a minha mãe que acredito que isso me ajuda na pregação, ajuda na hora que eu estou atendendo ou rezando.

A palavra é um elemento marcante em sua missão?

Eu sinto que a palavra que Deus coloca na minha boca é algo profético para a pessoa. Pela palavra eu consigo ajudar muito as pessoas. Agora, como sentimento, eu tenho uma profunda compaixão pelo próximo. Mas não é aquele sentimento de dó não, eu me compadeço mesmo com as pessoas, eu me coloco no lugar, às vezes até pela história que eu vivi. Por exemplo, quando eu recebo aqueles bilhetinhos pedindo oração, eu não consigo deixar de ler, nem deixar de fazer, eu não consigo ignorar. Eu sinto aquela compaixão pela pessoa, aquela vontade de ouvi-la, escutá-la; parece que eu estou vendo a minha mãe, meu pai vindo, parece que eu estou vendo aquela situação minha vindo pedir ajuda para alguém. Então eu acho que o evangelizador tem esse papel muito importante na vida das pessoas. Eu acho que você falou duas coisas maravilhosas, que é a presença e a palavra. Eu tenho muito isso comigo, de estar presente na vida das pessoas, eu zelo muito por isso. Eu não consigo sair, por exemplo, de um evento, de um lugar, sem ouvir alguém, porque as pessoas às vezes ficam ali esperando uma palavra, e você já pregou a noite inteira, só que sempre você tem mais uma palavra para elas.

Quando você fala "ouvir", você ouve muitos problemas. O que você faz com tudo isso? Porque de alguma maneira, em algum momento, isso bate lá no fundo.

É verdade. Eu já tive mais problemas com isso antigamente, de carregar mais, de sofrer mais pelo sofrimento dos outros. Aos poucos você vai aprendendo a lidar, a experiência também e a vivência da oração, porque quem carregou as nossas dores foi o Senhor; então nós somos apenas aqueles intercessores, aquelas pessoas que passam pela sua vida, mas não têm que carregar o sofrimento dos outros. Então não vou dizer para você que tem como ignorar; você vê o sofrimento de uma pessoa, você também é afetado. Hoje eu sei lidar melhor, canalizar mais para Deus, não reter em mim esses problemas, até porque não sou eu que vou resolver, não sou o salvador do mundo. Mas não tem como você não ser atingido de uma forma ou de outra emocionalmente. Você se envolve, mas tem que tomar muito cuidado com isso, porque você não é o pai das pessoas, você não é o marido delas, você não é o filho delas, você não é o médico delas. Você é um evangelizador, um missionário que tem um papel a desenvolver. Não pode fugir disso. Porque existe oito ou oitenta. Aquele cara que não se envolve com nada, que não entende o papel de missionário dele, e tem aquele que quer ser o marido da pessoa, ser a mulher, ele se envolve demais, e você não é. Você tem um papel de evangelizador, é o seu papel missionário. Jesus curava as pessoas e saía. Ele fez o papel dele. Tanto que, quando ele morreu na cruz, havia poucas pessoas ali embaixo. Então é muito importante nós termos essa maturidade.

Como é que você lida com as pessoas que olham para você como sendo uma das últimas esperanças delas? Essa equiparação a santo, a milagroso, como é isso na sua vida?

Isso está resolvido, porque a vida de formação na comunidade nos coloca muito no nosso lugar. Você tem que ter um equilíbrio para vestir a missão. É fundamental você poder fazer essa experiência de poder ser uma bênção na vida das pessoas, mas de não ser Deus na vida delas. Então hoje, por exemplo, eu consigo dizer não, e eu não conseguia antes. Isso aí já me trouxe problemas demais com a minha mãe, com a minha filha. Eu não conseguia dizer não. Hora, dia, dava meu telefone para todo mundo, ligação de madrugada, apagar incêndio de briga de marido e mulher, já fui atrás de bala perdida, faca, cara que devia para agiota e me chamou. Já vivi situações terríveis, mas hoje não. Só que aí você cresce, amadurece e percebe qual é o seu papel. Eu sou um evangelizador, eu sou um missionário, eu tenho um papel a exercer que não é só pegar o microfone e falar, não pode ser só isso, não pode ser.

Como é que é para você lidar com a "frieza" da Teologia?

Eu tenho, graças a Deus, um conceito bastante equilibrado. Eu sou uma pessoa basicamente bem tranquila nesse sentido. Nós viemos de uma experiência de Deus mais na prática e, quando se depara com a Bíblia a partir dos estudos, há uma estranheza. Isso não quer dizer que o que você experimentou é mentira, mas choca e às vezes faz você pensar. É claro que, se não tiver um equilíbrio, pensa que tudo que viveu foi uma ilusão. Mas ao contrário do que muita gente já me falou, de que ao fazer Teologia eu perderia a fé, pelo contrário, para mim foi um amadurecimento de fé, para mim foi um fundamento.

E esse equilíbrio que você diz já é a fé?

É a fé. A fé e a razão. Papa João Paulo II dizia isso, as duas asas que Deus deu ao homem: a fé e a razão, asas que fazem você voar. Eu acho que se você tiver só a razão, vai ser um pássaro de uma asa só. Se você tiver só a fé... A fé e a razão que vão te equilibrar e vão fazer você compreender todas as coisas. Por exemplo, uma coisa simples que é o que todo mundo às vezes prega, chega um teólogo lá e diz que Jesus não multiplicou os pães, ele fez cada um comer um pedacinho e todo mundo se satisfez. O milagre aconteceu de qualquer forma. Você mexer na natureza do milagre não muda o milagre. O mar não abriu, a maré que baixou, mas não muda a natureza do milagre e não muda também o que Deus fez na vida das pessoas. Nós temos acompanhado um pouco da Teologia especulatória, que é uma teologia que para mim é negativa, aquela que fica especulando, que não tem a tendência de nos levar ao conhecimento da verdade. Eu não vejo fruto nenhum nisso. **Vejo que às vezes há teólogos bem especulativos que ficam querendo só criar uma polêmica nisso, mas eu acho que a Teologia séria, a Teologia que tem as suas bases dentro do Magistério da Igreja, da sagrada tradição, a Teologia que é levada mesmo a sério no sentido de vivência de vida, ela só nos enriquece.**

Nesse campo da Teologia, o Papa Francisco chegou e mudou os pensamentos que muitos leigos tinham em relação à Igreja, justamente por uma abertura teológica maior. Dessa Teologia mais tradicional, ele se aproveita dela, mas também abre espaço para pensamentos diferentes, e nós não vínhamos, pelo me-

nos não tínhamos esse acesso com muita facilidade. Como é que você vê esse movimento da Igreja?

Eu penso que a Bíblia em si tem, teve e sempre vai ter um papel muito importante na sociedade e principalmente dentro da Igreja, porque ela não pode ser um ponto de divergência ou de desunião e intrigas. A Bíblia tem que nos unir. Agora a questão social hoje, a questão da cultura, da sociedade, o momento que a sociedade vive, não tem como você ignorar isso, porque a Bíblia foi escrita em um tempo histórico diferente, em uma língua para um povo, dentro de um contexto. Você querer colocar isso aqui dentro da Bíblia não vai dar certo. Mas a Bíblia é importante porque eu posso, pelo ensinamento contido, iluminar a situação que eu estou vivendo, esse momento novo com ela. Agora eu não acredito, não concordo com, por exemplo, pegar um pedacinho da **Teologia da Libertação**, uma mentalidade, e usar no todo. Nós temos problemas de opressões, injustiças e de desacertos. Mas interpretar a Bíblia a partir disso é um erro terrível, porque aí a pessoa vai ficar presa a isso e vai achar que Jesus libertador não é o Jesus que liberta do pecado, é o Jesus que liberta da injustiça, é o Jesus que me dá terra, é o Jesus que me dá terreno, é o Jesus que me liberta dos grandes, dos opressores. E Ele é maior do que isso, porque Jesus disse para Pilatos que seu reino não era neste mundo. Então nós temos que tomar muito cuidado só para que nós não interpretemos a Bíblia a partir dos momentos em que a sociedade vai vivendo.

Você acha que a Igreja olha para isso com atenção?

Eu acho. Eu acho que o Papa vai tomar esse zelo de poder pegar todos esses problemas que estão acontecendo, seja dentro da Igreja, seja no mundo ao redor, e usar a luz da Bíblia para respostas, diálogos que possam nos ajudar. Ela é luz para esse momento. Eu vejo que é isso que o Papa Francisco fez quando assumiu. Contudo, eu acredito que ele tem feito com que a Palavra de Deus chegue até essas situações, porque é a Palavra de Deus para os homens, para iluminar os momentos; e se você for ver, ela traz, na linha histórica dela, tantas situações de exílio, deportações, destruições, guerras, e tem as palavras de Deus lá para esses momentos. Então eu acredito que a Bíblia tem esse papel muito importante. Eu acho que o Papa, os líderes católicos, têm que trazer essa palavra para essas realidades. Eu fico muito triste às vezes quando vejo algumas linhas, mesmo católicas ou protestantes, do cara que fica buscando na Bíblia uma palavra para ele se defender, ou para ele se pautar, ou para ele atacar o outro. A Palavra não existe para isso. Aquelas pessoas são seus irmãos, eles convivem no mesmo país que você, eles estão na mesma sociedade, estão nas ruas, nas empresas, estão nas escolas, e você tem que resolver esses conflitos, sejam problemas sociais e econômicos, sejam problemas políticos, sejam religiosos, você vai ter que resolver isso, e aí eu acredito que a Palavra de Deus vai ajudar nesse sentido.

E o catecismo?

Nossa, tanto quanto, porque para nós a Sagrada Tradição e a Sagrada Escritura têm o mesmo peso, a mesma importância e o novo catecismo da Igreja Católica não é isolado de tudo que a Igreja já viveu. Ele é fruto de todos esses documentos, um aprimoramento de todo o magistério da Igreja e está presente em tudo que a Igreja crê, em tudo que ela celebra, o que ela ora, o que ela professa. E ajuda os jovens a enxergarem saídas para os mais diversos dilemas. Eu quero saber sobre a cruz, eu quero saber sobre a Eucaristia, eu quero saber sobre o que a Igreja pensa sobre tal situação, sobre tal problema no mundo, então é muito bacana isso. Por exemplo, na escola que a minha filha estuda, às vezes, há debates, plenários, e ela sempre leva o Catecismo. Ora, eu penso que a grande evangelização também tem que colaborar com isso. Nós, como católicos, temos a Sagrada Tradição e a Sagrada Escritura, então as nossas ações, seja na vida profissional, familiar, têm que partir do princípio. É tipo: se há um debate sobre a sexualidade, o que a Igreja diz sobre sexualidade? Há o escrito do Papa João Paulo sobre a Teologia do corpo. É a contribuição da Igreja e eu vou pautar minhas atitudes, meus pensamentos e valores em cima disso. Só que isso pode não ter valor para o outro; então aí aparecem os choques.

E como é para você quando há uma resistência?

Você falar de dogma com uma pessoa que não tem vivência cristã católica é muito complicado. Eu tenho muitos amigos evangélicos; às vezes vêm conversar, sentam para tomar um café. Há alguns evangélicos muito fundamentalistas, então, se não está escrito na Bíblia, não está, não adianta, mas também não está escrito na Bíblia que você tem que ir ao banheiro. Então, quer dizer, o dogma de fé é necessário para a vivência da fé. Porque os evangélicos, por exemplo, não têm a preocupação de explicar os quatro evangelhos. É preciso narrar as obras e centrá-las em Jesus, porque é um discipulado e Ele é o mestre. Então por isso que eu acho que o fundamentalismo é um mal. O fundamentalismo não serve para nada. Ele é um absurdo e inútil, não serve para nada. Você pegar uma palavra de um texto que foi escrito em uma outra época, em outra língua, para um outro povo, em uma outra realidade e querer, como se isso fosse escrito aqui nesta sala por alguém que está vendo isso acontecer, é uma coisa completamente absurda. Então tem hora que eu, por exemplo, tenho uma postura de diálogo. João Paulo II falava que o dom da caridade é o diálogo, mas há horas que o silêncio é a melhor palavra.

As pessoas querem uma explicação.

Esse que é o problema. Então, por exemplo, eu estou aqui dizendo: "Maria é imaculada desde sua concepção". Digo porque acredito. Aí o outro fala que já não acredita porque não está escrito. Há explicação, prova científica? Não, não há, mas ela é imaculada, ela tem que ser imaculada. Aí você pensa, se Jesus morreu na cruz sem pecado, Maria tinha que ser imaculada, senão Ele herda o pecado dela. Isso é dogma de fé, isso é importante para nós. Porque o dogma vai nos respaldar, orientar e dizer que não há problema em acreditar nisso, isso é de fato verdade. É o que me sustenta, então é muito importante, e eu vejo que há muitos católicos que ignoram os dogmas. Eu fico às vezes espantado, e esse é um desafio da evangelização também, a parte catequética.

Elas acreditam sem saber exatamente em quem.

Exato. É uma fé imatura e solta. Aquela fé que não é enraizada, a fé imatura, a fé de resultados e uma fé emocional. Eu sempre falo isso: o cristão católico não pode fazer experiências só emocionais. É claro que nós nos emocionamos, não há problema, mas nós temos que fazer experiências de decisões, de crescimento, de amadurecimento. Então isso é muito importante. Eu vejo que a evangelização tem que cuidar disso, eu sou muito zeloso nisso. Eu acho que a evangelização tem essas duas faces: o querigma, que é o Anúncio, e a catequese. É claro que você não vai ficar dando catequese no momento que você tem que ser querigmático, mas eu acho que cabe sempre. Você dá uma pequena catequese, ensina as pessoas e as pessoas precisam disso.

Não se abastece só com a emoção.

Exatamente. Então, por exemplo, as pessoas têm seus hábitos, as coisas que elas aprendem por si só. O Brasil, por exemplo, é muito folclórico, então às vezes há pessoas que falam que não fizeram o sinal da cruz ou que fizeram com a mão esquerda; isso é maldição. Onde está escrito que o sinal da cruz tem que ser feito com a mão direita? Essas coisas todas que vão nascendo são desafios para a evangelização, porque isso confunde muito a parte dogmática, catequética, querigmática, com a parte de superstição, religiosidade popular, aquela crendice. Então a evangelização tem um papel muito importante aí.

Eu queria que você falasse um pouco de Maria; eu sei que para você a mariologia é um elemento muito caro dentro de toda essa fé.

Eu, quando entrei para a Igreja aos 15 anos, tive um encontro muito forte com Jesus, então eu me aprofundei. Eu não tinha sequer muito interesse por Maria, porque foi aquele monte de Espírito Santo, falava-se muito pouco de Maria, mas em pouco tempo você ouvia Maria, Nossa Senhora... Tem que lembrar dela, mas pouquíssimo conhecimento. E chegou uma época da minha vida que para mim foi um chamado a estudar sobre Nossa Senhora, a me abrir, a isso, e foi uma experiência muito bonita para mim, primeiro pelo fruto espiritual que me trouxe e segundo pelo fruto que me trouxe na minha vida missionária. Quando eu vou apresentar Maria para as pessoas, eu sempre parto do princípio do plano de salvação de que tanto falo, que é o plano de Deus. Então quando Deus criou o mundo, ele criou a partir da perspectiva de si mesmo, ele não espera nada de lá para cá, é tudo daqui para lá. Então Deus é absoluto por si só. Quando ele cria o homem e a mulher, ele dá a condição de eles poderem exercer esse plano de amor, de vida, na vida deles. Quando o homem recusa isso, o homem e a mulher, principalmente a partir da mulher, isso não mata Deus. É isso que eu acho interessante e eu apresento Maria a partir daí. Então Deus não morre porque Adão e Eva disseram "não" e escolheram viver o jeito deles, escolheram conhecer o bem e o mal. Deus não morre, Deus não se diminui, não fica fraco, Ele continua Deus. Só que a vida do homem, ela está danificada, está mal, está ruim, porque ele rompeu com a aliança que ele tinha com Deus. Então eu fico pensando nessa hora que o homem tem um caminho de volta, mas a impressão que dá é que o Deus dele está fraco, por isso ele vai buscar outro Deus, porque parece que o Deus dele não está ouvindo mais, parece que não tem mais sentido, que agora ele está insatisfeito com esse Deus, porque Ele não o acompanha, Ele não vai junto, mas é ao contrário. **Então Deus sempre vai ao encontro do homem e sempre está querendo salvá-lo, sempre como um pai. Só que o seu plano não muda, Deus é imutável, o que ele escreve é fiel, não há como apagar.** Nisso tudo, o grande plano de salvação acontece, o grande plano de perdição, de destruição acontece na recusa e o grande plano de salvação acontece no "sim", acontece na aceitação. Mas quem pode aceitar Deus na totalidade? Isso é o extraordinário de Maria. Eu estou há quase 30 anos dentro da Igreja e cada dia eu levanto e eu sei que eu não aceitei Deus ainda na totalidade, em toda a sua vontade. Eu ainda faço a minha vontade em vários momentos. Por isso eu peço perdão. Eu ainda faço a minha vontade, eu ainda faço do meu jeito às vezes, eu ainda insisto em pensar o que não é. Agora quem aceitaria Deus na totalidade com todo o seu pensamento, a sua vontade, o seu jeito, o seu plano? E é isso que é Maria. É a pessoa escolhida, imaculada, criada por Deus para retomar esse plano de salvação, e ela diz "sim" a tudo isso.

Porque ela poderia dizer "não".

Ela poderia dizer não. O que não mudaria Deus, nada muda Deus. Deus não morre. Deus não vai ser menos Deus, mas aí é que está a questão, também não mudaria o fato de ela de ser imaculada, porque ela já é imaculada, ela nasceu sem saber que é imaculada, no ventre da mãe ela cresceu imaculada, ela foi concebida sem pecado e ela não tinha essa consciência, essa razão. É claro que, no decorrer dos tempos, você vai ver que uma pessoa imaculada é diferente das outras. É evidente, então, que ela é distinta, Maria é distinta. Nesse momento, quando o Senhor chega até ela para dizer o plano de salvação, a anunciação do anjo, a questão toda da encarnação do verbo, o espetáculo de Deus na Terra, ela poderia dizer não, mas ela diz "sim", porque ela não tem a semente do pecado. Ela diz "sim" porque ela ama. Então como nós podemos ser totalmente de Deus? Sendo totalmente de Maria. Se nós formos totalmente de Maria, nós vamos conseguir ser totalmente de Deus. Então o papel de intercessão dela é fundamental, porque ela não intercede só para Jesus nascer como às vezes a linha protestante diz. Ela intercede para o plano de Deus acontecer, para a vontade de Deus acontecer.

E isso em todos os tempos?

Em todos os tempos. Então Maria é muito importante, por isso ela é chamada de Arca da Aliança. Era a Arca da Aliança que vinha com os mandamentos dentro. É Maria hoje, porque ela traz a palavra de Deus e faz com que se materialize por obra do Espírito Santo. Então é uma aceitação muito grande ao projeto de Deus. Quando eu apresento Maria, eu falo disso. Até há aquele episódio que acontece duas vezes no Evangelho de São Lucas. O episódio que alguém diz: "Sua mãe e seus irmãos estão aí e querem falar contigo". Aí é uma mentalidade judaica, porque próximo é só aquele que é de sangue e da sua família. Eles tinham mentalidade de próximo. Eles têm preferência, acesso a você. Os outros são estrangeiros. Então "sua mãe e seus irmãos estão aí querendo falar com você" e aí Jesus diz: "Quem é minha mãe e meus irmãos?" Então Jesus pega o gancho, Ele fazia isso o tempo todo. Uma pesca que não dava certo, Ele usava para falar. Uma árvore seca que Ele encontrava, Ele falava. Uma chuva que começava a cair, Ele falava. O sol nascendo, Ele usava para falar. O tempo todo, a cartilha dele era isso. Então quando alguém chegou e disse: "Sua mãe e seus irmãos estão aí e querem falar contigo", Ele responde: "Quem são minha mãe e meus irmãos?", porque Ele já queria quebrar ali um protocolo, já queria quebrar ali um paradigma, já queria quebrar ali um conceito errado de que próximo não é só o meu pai e minha mãe, que próximo de Deus pode ser todo aquele que faz a sua vontade. Minha mãe e meus irmãos são aqueles que fazem a vontade do meu Pai. Mas quem fez a vontade do pai mais do que essa mulher na sua totalidade? Então ela é a mais próxima de Deus. Nessa hora, Ele está até confirmando o poder de intercessão de Maria, e não é um exagero dizer onipotência suplicante, porque ela pode tudo na oração, na intercessão. Então ela é onipotente suplicante. E aí para mim o momento mais lindo é o momento da cruz, no capítulo 19, versículo 25, de João, que ele diz: "Filho, eis aí tua mãe. Mãe, eis aí teu filho". Na sua despedida, Jesus começa as instituições. Ele institui a partir dali a Eucaristia, o Sacerdócio, o Matrimônio, a Igreja; Ele vai instituindo, porque Ele sabe que Ele está indo. E na cruz, Ele institui a maternidade de Maria, quando Ele diz: "É a sua mãe". Se você pegar o texto original, você vai perceber que no idioma original que foi escrito, não está escrito "se você quiser, ela vai ser sua mãe, eu sugiro que ela seja sua mãe". Ela será para você uma mãe. Então Jesus usa a palavra mulher referindo-se à primeira criatura que significa Eva, o nome dela, mãe da humanidade. Não a mãe do João. Por isso a Teologia é importante. A Teologia é importante para isso, porque os textos têm uma ligação, embora sejam livros separados. Então, quando Ele fala "mulher" nessa questão, é a voz de Deus dizendo "mulher", porque Ele está ali como Deus na cruz, morrendo claro na humanidade, mas Ele está ali como Deus determinando: "Mulher, é o seu filho". Não sugiro que seja seu filho; se você quiser, pode ser o seu filho. Então Ele faz a referência a Maria, a mulher Eva primeira da criação restaurada em Maria. Então Maria é a figura da Eva restaurada. Porque, se Maria diz não, ali entraria a mácula nela. A primeira tinha recusado, a segunda disse "sim". Então ela é a nova Eva, ela é a mulher, mãe da humanidade. Então o que aconteceu é que Jesus instituiu isso. Para nós, não é uma sugestão, não é uma popularidade ou por uma carência afetiva que eu quero ter uma mãe ou de que a figura dela vai atrair mais pessoas, porque é mulher, uma figura mais acolhedora. Isso é uma bobagem sem cabimento. Então a maternidade de Maria, querendo ou não, foi instituída por Deus como foi a Eucaristia, claro que eu não estou comparando as instituições, mas Jesus instituiu a Eucaristia dizendo: "É o meu corpo", instituiu o Sacerdócio, instituiu a igreja, instituiu os sacramentos, instituiu a maternidade de Maria dizendo: "Mulher, eis teu filho. Filho, é a tua mãe". Nós não podemos, por exemplo, nos colocar contra isso, e eu sempre digo que a maternidade, quando Ele fala mulher, Ele está dizendo exatamente a "mulher" que foi refeita e recriada como a chance de Deus, e essa mulher disse "sim". Nessa figura, está a mulher que eu sempre sonhei, que eu escolhi, que eu recriei e que disse "sim" na totalidade ao meu projeto. Essa mulher, ela tem o poder de conduzir a humanidade. Então Maria é a mãe da humanidade e, como mãe, ela exerce o seu papel de mãe. Não é ela que salva, não é ela que cura, não é ela que liberta, não é ela que transforma, mas é ela que nos conduz, ela que nos leva. É a mãe que nos orienta, é a mãe que aponta o caminho, que advoga, que intercede por nós. Então eu sempre apresento Maria dessa forma, e tem gente que pensa que não tem uma espiritualidade muito Mariana. Eu não penso que Maria seja uma peça espiritual só, para criar uma espiritualidade. Maria é uma peça fundamental no plano de salvação. Então, se você quer viver uma vida salvífica, Maria é fundamental. Agora, é evidente, e aí nós vamos entrar de novo naquele desafio grande das crendices, do folclore, da questão das fantasias que as pessoas fazem. Eu fui a Fátima uma vez e estava bem próximo de uma parente da Lúcia, uma das videntes, e ela dizia para eu prestar atenção nas mensagens de Fátima, na missão de Nossa Senhora para Portugal, para os pastorinhos, para a Europa na época. É uma missão muito específica e salvífica; então, quando ela fala para rezar o Terço para salvação do mundo todos os dias, as pessoas falam: "nossa, que exagero rezar o Terço para salvar o mundo!". Mas o que é rezar? Rezar não é só falar palavras. Rezar é você entrar dentro da dinâmica de Deus, da vida, da graça, da unção, tocar isso e trazer para a matéria. Isso é rezar. Orar é penetrar no mistério de Deus. Orar é penetrar na vontade de Deus. Orar é alcançar os céus. Orar é estar na presença de Deus e trazer de lá as graças e os frutos do Espírito para você viver na sua vida. Então o Terço é a meditação dos mistérios da vida de Jesus, dos gozosos, dolorosos, luminosos e gloriosos. Então, se você reza o Terço, toca no mistério mesmo sem entender e traz aquilo para a sua vida, é certeza de salvação. Por isso ela diz isso. É a vivência dos mistérios. Então, se todo mundo rezar o Terço todo dia em uma prática verdadeira, profunda da oração, consciente, com certeza vai ser tudo diferente. Então eu sempre apresento Maria assim, e uma coisa que eu gosto de dizer dela, que para mim é muito especial, é que ela tem uma intimidade com Deus, uma mística, ela tem uma proximidade com Deus muito pura, e isso falta para nós um pouco, porque às vezes nós usamos a oração como recurso para alcançar coisas de que precisamos. Maria usa a oração para ouvir a Deus. Eu estou dizendo isso porque Maria para mim é referência de oração. A oração não é um monólogo, é um diálogo. Eu falo, Deus me ouve, Deus fala e eu escuto. Então, ali em Caná da Galileia se mostra muito isso. Há um diálogo entre Jesus e Maria fortíssimo, e a Bíblia não narra em sua totalidade, porque é nítido que ali há uma lacuna, houve uma conversa entre eles para chegar à conclusão de que Ele vai fazer um milagre. É essa intimidade de Maria com Jesus.

Nós podemos dizer que é tão puro que nem aparece.

Talvez nem seja digno de ser escrito de tamanha a grandeza disso. Não sei se foi fala ou olhar, mas teve um momento, e eu sempre falo para as pessoas buscarem isso. Eu tenho um problema, acabou a minha esperança. Deus está aqui, eu sei que Ele pode resolver, mas tem que ter um diálogo, tem que ter uma intimidade, porque não é simplesmente Deus fazer o vinho acontecer, precisa mais do que isso. Eu tenho que levar em consideração o plano de salvação, porque cada milagre que Jesus faz, mais perto está a sua cruz. As pessoas têm que entender isso e as pessoas não têm dimensão disso. Cada milagre que Jesus faz, mais perto está a sua cruz. Se Ele fizesse um milagre, era iminente que a cruz chegaria mais rápido. Isso na vida nossa não muda, cada milagre que Jesus faz na sua vida, na minha vida, mais próxima está a cruz. É isso que nós temos que compreender. A pessoa tem talvez a visão do milagre como resolver os problemas, o impossível agora se tornou possível. Eu tenho que entender isso, não está desconectado, não é uma coisa descomprometida. É isso que eu falo que a Teologia da prosperidade incomoda demais, porque prega uma coisa solta, meio orbital, parece que é solto, mas não, Deus tem um propósito, a salvação é sempre o plano de fundo. Cada milagre que Deus faz, mais próxima está a cruz, a salvação. É para isso, como o rio vai para o mar, tem isso. Se o milagre não é feito, não é porque Deus não quis, é porque não ia para lá, não era para isso. Então a pessoa não tem essa compreensão, e Maria vive muito isso. Muitas coisas que Maria pediu para Jesus, Ele não fez. Muitas coisas que ela estava ali, que ela queria que fosse, Ele não podia fazer. Então eu estou dizendo, porque Maria tem essa compreensão. Quando Ele está no alto da cruz, ela não fala: "Desce daí meu filho". Ela fica em silêncio, porque ela sabe do plano de salvação, então ela aceita, dói, mas ela aceita. Maria para mim é isso. Quando a Érica morreu, eu rezava muito com Nossa Senhora. Não que eu não reze hoje, mas naquela época... Porque Maria para mim me traz essas duas palavras: aceitação e entrega. Isso muda tudo para mim. Mas não é conformismo, é aceitação. Isso é para a glória de Deus, é para a salvação. Dói, mas eu tenho que aceitar e tem que entregar, eu não posso reter comigo. Então eu sempre apresento Maria como essa figura importantíssima na vivência do plano de salvação.

Informações sobre a Editora Ave-Maria

Para conhecer outros autores e títulos da
Editora Ave-Maria, visite nosso site em:
www.avemaria.com.br
e siga nossas redes sociais:
facebook.com/EditoraAveMaria
instagram.com/editoraavemaria
twitter.com/editoravemaria
youtube.com/EditoraAveMaria